AF187376

Tucholsky Wagner Zola Scott Sydow Freud Schlegel
Turgenev Fonatne
Twain Wallace Walther von der Vogelweide Fouqué Friedrich II. von Preußen
Weber Freiligrath Frey
Fechner Fichte Weiße Rose von Fallersleben Kant Ernst Richthofen Frommel
Hölderlin
Engels Fielding Eichendorff Tacitus Dumas
Fehrs Faber Flaubert Eliasberg Zweig Ebner Eschenbach
Feuerbach Maximilian I. von Habsburg Fock Eliot Vergil
Ewald
Goethe Elisabeth von Österreich London
Mendelssohn Balzac Shakespeare Dostojewski Ganghofer
Lichtenberg Rathenau Doyle Gjellerup
Trackl Stevenson Tolstoi Hambruch
Mommsen Thoma Lenz Hanrieder Droste-Hülshoff
Dach Verne von Arnim Hägele Hauff Humboldt
Karrillon Reuter Rousseau Hagen Hauptmann Gautier
Garschin Defoe Baudelaire
Damaschke Descartes Hebbel
Hegel Kussmaul Herder
Wolfram von Eschenbach Dickens Schopenhauer Rilke George
Bronner Darwin Melville Grimm Jerome Bebel Proust
Campe Horváth Aristoteles Federer Herodot
Bismarck Vigny Barlach Voltaire Herodot
Gengenbach Heine
Storm Casanova Tersteegen Gilm Grillparzer Georgy
Chamberlain Lessing Langbein Gryphius
Brentano Lafontaine
Strachwitz Claudius Schiller Schilling Kralik Iffland Sokrates
Katharina II. von Rußland Bellamy Raabe Gibbon Tschechow
Gerstäcker
Löns Hesse Hoffmann Gogol Wilde Gleim Vulpius
Luther Heym Hofmannsthal Klee Hölty Morgenstern Goedicke
Roth Heyse Klopstock Kleist
Luxemburg Puschkin Homer Mörike Musil
La Roche Horaz
Machiavelli Kierkegaard Kraft Kraus
Navarra Aurel Musset Lamprecht Kind Kirchhoff Hugo Moltke
Nestroy Marie de France Laotse Ipsen Liebknecht
Nietzsche Nansen Ringelnatz
Marx Lassalle Gorki Klett Leibniz
von Ossietzky May vom Stein Lawrence Irving
Petalozzi Platon Knigge
Sachs Poe Pückler Michelangelo Kock Kafka
de Sade Praetorius Mistral Liebermann Korolenko
Zetkin

Der Verlag tradition aus Hamburg veröffentlicht in der Reihe **TREDITION CLASSICS** Werke aus mehr als zwei Jahrtausenden. Diese waren zu einem Großteil vergriffen oder nur noch antiquarisch erhältlich.

Symbolfigur für **TREDITION CLASSICS** ist Johannes Gutenberg (1400 — 1468), der Erfinder des Buchdrucks mit Metalllettern und der Druckerpresse.

Mit der Buchreihe **TREDITION CLASSICS** verfolgt tradition das Ziel, tausende Klassiker der Weltliteratur verschiedener Sprachen wieder als gedruckte Bücher aufzulegen – und das weltweit!

Die Buchreihe dient zur Bewahrung der Literatur und Förderung der Kultur. Sie trägt so dazu bei, dass viele tausend Werke nicht in Vergessenheit geraten.

Letzte Gaben

Annette von Droste-Hülshoff

Impressum

Autor: Annette von Droste-Hülshoff
Umschlagkonzept: toepferschumann, Berlin

Verlag: tredition GmbH, Hamburg
ISBN: 978-3-8424-8921-9
Printed in Germany

Ziel der TREDITION CLASSICS ist es, tausende deutsch- und fremdsprachige Klassiker wieder in Buchform verfügbar zu machen. Die Werke wurden eingescannt und digitalisiert. Dadurch können etwaige Fehler nicht komplett ausgeschlossen werden. Unsere Kooperationspartner und wir von tredition versuchen, die Werke bestmöglich zu bearbeiten. Sollten Sie trotzdem einen Fehler finden, bitten wir diesen zu entschuldigen. Die Rechtschreibung der Originalausgabe wurde unverändert übernommen. Daher können sich hinsichtlich der Schreibweise Widersprüche zu der heutigen Rechtschreibung ergeben.

Annette von Droste-Hülshoff

Letzte Gaben

1862

Gemüt und Leben

Das Wort

Das Wort gleicht dem beschwingten Pfeil,
Und ist es einmal deinem Bogen
In Tändeln oder Ernst entflogen,
Erschrecken muß dich seine Eil'.

Dem Körnlein gleicht es, deiner Hand
Entschlüpft; wer mag es wiederfinden?
Und dennoch wuchert's in den Gründen
Und treibt die Wurzeln durch das Land.

Gleicht dem verlornen Funken, der
Vielleicht verlischt am feuchten Tage,
Vielleicht am milden glimmt im Hage,
Am dürren schwillt zum Flammenmeer.

Und Worte sind es doch, die einst
So schwer in deine Schale fallen:
Ist keins ein nichtiges von allen,
Um jedes hoffst du oder weinst.

O, einen Strahl der Himmelsau,
Mein Gott, dem Zagenden und Blinden!
Wie soll er Ziel und Acker finden?
Wie Lüfte messen und den Tau?

Allmächt'ger, der das Wort geschenkt,
Doch seine Zukunft uns verhalten,
Woll' selber deiner Gabe walten,
Durch deinen Hauch sei sie gelenkt!

Richte den Pfeil dem Ziele zu,
Nähre das Körnlein schlummertrunken!
Erstick ihn oder fach den Funken!
Denn, was da frommt, das weißt nur du.

Halt fest!

Halt fest den Freund, den einmal du erworben,
Er läßt dir keine Gaben für das Neue;
Läßt, wie das Haus, in dem ein Leib gestorben,
Unrein das Herz, wo modert eine Treue;
Meinst du, dein sei der Hände Druck, der Strahl
Des eignen Auges arglos und voll Liebe?
Drückst du zum zweiten-, blickst zum zweitenmal,
Die Frucht ist fleckig und der Spiegel trübe.

Halt fest dein Wort, o fest wie deine Seele;
So stolz und freudig mag kein Lorbeer ranken,
Daß er das Mal auf einer Stirne hehle,
Die unterm Druck des Wortes konnte wanken;
Der ärmste Bettler, dem ein ehrlich Herz,
Darf wie ein König dir genüber treten,
Und du? du zupfst den Lorbeer niederwärts
Und heimlich mußt du dein *peccavi* beten.

Halt fest den Glauben, laß ihn dir genügen!
Wer möchte Blut um fremden Ichor tauschen!
Verstößest du den Cherub deiner Wiegen,
Aus jedem Blatt wird dir sein Flügel rauschen!
Und ist dein Geist zu stark, vielleicht zu blind,
In seiner Hand das Flammenschwert zu sehen,
So zweifle nicht, er wird, ein weinend Kind,
An deinem öden letzten Lager stehen.

Und dann die Gabe, gnädig dir verliehen,
Den köstlichen Moment, den gottgesandten,
O feßle, feßle seinen Quell im Fliehen,
Halt jeden Tropfen höher als Demanten!
Noch schläft die Zukunft, doch sie wacht dareinst,
Wo deinem Willen sich die Kraft entwunden,
Wo du verlor'ne schwere Tränen weinst
In die Charybdis deiner toten Stunden!

Vor allem aber halt das Kind der Schmerzen,
Dein angefochtnes Selbst, von Gott gegeben!
O sauge nicht das Blut aus deinem Herzen,
Um einen Seelenbastard zu beleben,
Daß, wenn dir einstens vor dem Golem graut,
Es zu dir trete nicht mit leisen Klagen:
»So war ich, und so ward ich dir vertraut,
Unsel'ger, warum hast du mich erschlagen?«

Drum fest, nur fest, nur keinen Schritt zur Seite!
Der Himmel hat die Pfade wohl bezeichnet;
Ein reines Aug' erkennt sie aus der Weite,
Und nur der Wille hat den Pfad verleugnet;
Und allen ward ein Kompaß eingedrückt,
Noch keiner hat ihn aus der Brust gerissen:
Die Ehre nennt ihn, wer zur Erde blickt,
Und wer zum Himmel, nennt ihn das Gewissen.

Carpe diem!

Pflücke die Stunde, wär' sie noch so blaß,
Ein falbes Moos, vom Dunst des Moores naß,
Ein farblos Blümchen, flatternd auf der Heide;
Ach, einst von allem träumt die Seele süß,
Von allem, was, ihr eigen, sie verließ,
Und mancher Seufzer gilt entflohnem Leide.

In Alles senkt sie Blutes Tropfen ein,
Legt Perlen aus dem heilig tiefsten Schrein
Bewußtlos, selbst in grauverhängte Stunden;
Steigt oft ein unklar Sehnen dir empor,
Du schaust vielleicht, wie durch Gewölkes Flor,
Nach Tagen, längst vergessen, doch empfunden.

Wer, der an seine Kinderzeit gedenkt,
Als die Vokabeln ihn in Not versenkt,
Wer möchte nicht wieder Kind sein und sich grauen?
Ja, der Gefangene, der die Wand beschrieb,
Fühlt er nach Jahren Glückes nicht den Trieb,
Die alten Sprüche einmal noch zu schauen?

Wohl gibt es Stunden, die so ganz verhaßt,
Daß, dem Gedächtnis eine Centnerlast,
Wir ihren Schatten abzuwälzen sorgen;
Doch selten schickt sie uns des Himmels Zorn,
Und meistens ist darin ein gift'ger Dorn,
Der Moderwurm geheimer Schuld verborgen.

Drum, wer noch eines Blicks nach oben wert,
Der nehme, was an Lieben ihm beschert,
Die stolze wie die Stund' im schlichten Kleide;
Der schlürfe jeden stillen Tropfen Tau,
Und spiegelt drin sich nicht des Äthers Blau,
So lispelt drüber wohl die fromme Weide.

Freu dich an deines Säuglings Lächeln, freu
Dich an des Jauchzens ungewissem Schrei,
Mit dem er streckt die lustbewegten Glieder.
Wär' zehnmal stolzer auch, was dich durchweht,
Wenn er vor dir dereinst, ein Jüngling, steht,
Dein lächelnd Kindlein gibt er dir nicht wieder.

Freu dich des Freundes, eh zum Greis er reift,
Erfahrung ihm die kühne Stirn gestreift,
Von seinem Scheitel Grabesblumen wehen;
Freu dich des Greises, schau ihm lange nach,
In kurzem gäbst vielleicht du manchen Tag,
Um einmal noch das graue Haupt zu sehen.

O, wer nur ernst und fest die Stund greift,
Den Kranz ihr auch von bleicher Locke streift,
Dem spendet willig sie die reichste Beute.
Doch wir, wir Toren, drängen sie zurück,
Vor uns die Hoffnung, hinter uns das Glück,
Und unsre Morgen morden unsre Heute.

Durchwachte Nacht

Wie sank die Sonne glüh und schwer,
Und aus versengter Welle dann
Wie wirbelte der Nebel Heer
Die sternenlose Nacht heran! –
Ich höre ferne Schritte gehn –
Die Uhr schlägt Zehn.

Noch ist nicht alles Leben eingenickt,
Der Schlafgemächer letzte Türen knarren;
Vorsichtig in der Rinne Bauch gedrückt,
Schlüpft noch der Iltis an des Giebels Sparren,
Die schlummertrunkne Färse murrend nickt,
Und fern im Stalle dröhnt des Rosses Scharren,
Sein müdes Schnauben, bis vom Mohn getränkt,
Es schlaff die regungslose Flanke senkt.

Betäubend gleitet Fliederhauch
Durch meines Fensters offnen Spalt,
Und an der Scheibe grauem Rauch
Der Zweige wimmelnd Neigen wallt.
Matt bin ich, matt wie die Natur! –
Elf schlägt die Uhr.

O wunderliches Schlummerwachen, bist
Der zartren Nerve Fluch du oder Segen? –
's ist eine Nacht, vom Taue wach geküßt,
Das Dunkel fühl' ich kühl wie feinen Regen
An meine Wangen gleiten, das Gerüst
Des Vorhangs scheint sich schaukelnd zu bewegen,
Und dort das Wappen an der Decke Gips
Schwimmt sachte mit dem Schlängeln des Polyps.

Wie mir das Blut im Hirne zuckt!
Am Söller geht Geknister um,
Im Pulte raschelt es und ruckt,
Als drehe sich der Schlüssel um.

Und – horch, der Seiger hat gewacht!
s' ist Mitternacht.

War das ein Geisterlaut? So schwach und leicht
Wie kaum berührten Glases schwirrend Klingen,
Und wieder wie verhaltnes Weinen steigt
Ein langer Klageton aus den Syringen,
Gedämpfter, süßer nun, wie tränenfeucht
Und selig kämpft verschämter Liebe Ringen; –
O Nachtigall, das ist kein wacher Sang,
Ist nur im Traum gelöster Seele Drang.

Da kollert's nieder vom Gestein!
Des Turmes morsche Trümmer fällt,
Das Käuzlein knackt und hustet drein;
Ein jäher Windesodem schwellt
Gezweig und Kronenschmuck des Hains; –
Die Uhr schlägt Eins.

Und drunten das Gewölke rollt und klimmt;
Gleich einer Lampe aus dem Hünenmale
Hervor des Mondes Silbergondel schwimmt,
Verzitternd auf der Gasse blauem Stahle;
An jedem Fliederblatt ein Fünkchen glimmt,
Und hell gezeichnet von dem blassen Strahle
Legt auf mein Lager sich des Fensters Bild,
Vom schwanken Laubgewimmel überhüllt.

Jetzt möcht' ich schlafen, schlafen gleich,
Entschlafen unterm Mondeshauch,
Umspielt vom flüsternden Gezweig,
Im Blute Funken, Funk' im Strauch
Und mir im Ohre Melodei; –
Die Uhr schlägt Zwei.

Und immer heller wird der süße Klang,
Das liebe Lachen; es beginnt zu ziehen
Gleich Bildern von Daguerre die Deck' entlang,
Die aufwärts steigen mit des Pfeiles Fliehen;

Mir ist, als seh' ich lichter Locken Hang,
Gleich Feuerwürmern seh' ich Augen glühen,
Dann werden feucht sie, werden blau und lind,
Und mir zu Füßen sitzt ein schönes Kind.

Es sieht empor, so fromm gespannt,
Die Seele strömend aus dem Blick;
Nun hebt es gaukelnd seine Hand,
Nun zieht es lachend sie zurück;
Und – horch, des Hahnes erstem Schrei! –
Die Uhr schlägt Drei.

Wie bin ich aufgeschreckt, – o süßes Bild,
Du bist dahin, zerflossen mit dem Dunkel!
Die unerfreulich graue Dämmrung quillt,
Verloschen ist des Flieders Taugefunkel,
Verrostet steht des Mondes Silberschild,
Im Walde gleitet ängstliches Gemunkel,
Und meine Schwalbe an des Frieses Saum
Zirpt leise, leise auf im schweren Traum.

Der Tauben Schwärme kreisen scheu,
Wie trunken, in des Hofes Rund,
Und wieder gellt des Hahnes Schrei,
Auf seiner Streue rückt der Hund,
Und langsam knarrt des Stalles Tür –
Die Uhr schlägt Vier.

Da flammt's im Osten auf, – o Morgenglut!
Sie steigt, sie steigt, und mit dem ersten Strahle
Strömt Wald und Heide vor Gesangesflut,
Das Leben quillt aus schäumendem Pokale,
Es klirrt die Sense, flattert Falkenbrut,
Im nahen Forste schmettern Jagdsignale,
Und wie ein Gletscher sinkt der Träume Land
Zerrinnend in des Horizontes Brand.

Mondesaufgang

An des Balkones Gitter lehnte ich
Und wartete, du mildes Licht, auf dich.
Hoch über mir, gleich trübem Eiskristalle,
Zerschmolzen schwamm des Firmamentes Halle;
Der See verschimmerte mit leisem Dehnen,
Zerfloßne Perlen oder Wolkentränen? –
Es rieselte, es dämmerte um mich,
Ich wartete, du mildes Licht, auf dich.

Hoch stand ich, neben mir der Linden Kamm,
Tief unter mir Gezweige, Ast und Stamm;
Im Laube summte der Phalänen Reigen,
Die Feuerfliege sah ich glimmend steigen,
Und Blüten taumelten wie halb entschlafen;
Mir war, als treibe hier ein Herz zum Hafen,
Ein Herz, das übervoll von Glück und Leid
Und Bildern seliger Vergangenheit.

Das Dunkel stieg, die Schatten drangen ein –
Wo weilst du, weilst du denn, mein milder Schein? –
Sie drangen ein, wie sündige Gedanken,
Des Firmamentes Woge schien zu schwanken,
Verzittert war der Feüerfliege Funken,
Längst die Phaläne an den Grund gesunken,
Nur Bergeshäupter standen hart und nah,
Ein finstrer Richterkreis, im Düster da.

Und Zweige zischelten an meinem Fuß
Wie Warnungsflüstern oder Todesgruß;
Ein Summen stieg im weiten Wassertale
Wie Volksgemurmel vor dem Tribunale;
Mir war, als müsse etwas Rechnung geben,
Als stehe zagend ein verlornes Leben,
Als stehe ein verkümmert Herz allein,
Einsam mit seiner Schuld und seinem Pein.

Da auf die Wellen sank ein Silberflor,
Und langsam steigst du, frommes Licht, empor;
Der Alpen finstre Stirnen strichst du leise,
Und aus den Richtern wurden sanfte Greise,
Der Wellen Zucken ward ein lächelnd Winken,
An jedem Zweige sah ich Tropfen blinken,
Und jeder Tropfen schien ein Kämmerlein,
Drin flimmerte der Heimatlampe Schein.

O, Mond, du bist mir wie ein später Freund,
Der seine Jugend dem Verarmten eint,
Um seine sterbenden Erinnerungen
Des Lebens zarten Widerschein geschlungen,
Bist keine Sonne, die entzückt und blendet,
In Feuerströmen lebt, in Blute endet –
Bist, was dem kranken Sänger sein Gedicht,
Ein fremdes, aber o! ein mildes Licht.

Das Ich der Mittelpunkt der Welt

Jüngst hast die Phrase scherzend du gestellt:
»Wer Reichtum, Liebe will und Glück erlangen,
Der mache sich zum Mittelpunkt der Welt,
Zum Kreise, drin sich alle Strahlen fangen.«
Dein Wort, mein Freund, war wie des Tempels Tür:
Die Inschrift draußen und das Volksgedränge,
Doch durch die Spalten blinkt der Lampen Zier,
Ziehn Opferduft und heilige Gesänge.

Wie könnte jemals wohl des Glückes Born
Aus anderm als dem eignen Herzen fließen?
Aus welcher Schale wohl des Himmels Zorn
Als aus der selbstgebotnen sich ergießen?
O glücklich sein, geliebt und glücklich sein –
Möge ein Engel mir die Pfade deuten!
Da schwillt des Tempels Vorhang, zart und rein
Hör' ich's wie Echo durch die Falten gleiten:

»Standest an einem Krankenbett du je,
Nach wochenlangen selbstvergeßnen Sorgen,
Hobst deine schweren Wimpern in die Höh',
Zu heißem Dankgebet an dem Morgen,
Und sahst um des Genesenden Gesicht
Ein neuerwachtes Seelenschimmern schweben
Und einen Liebesblick auf dich, wie nicht
Ihn Freund und nicht Geliebte können geben?

»Hieltest du je den Griffel in der Hand
Und rechnetest mit frohem Geiz zusammen
Die Groschen, die du selber dir entwandt;
Schien jeder Heller dir wie Gold zu flammen
Des Schatzes für den fremden Sorgenpfühl,
Um den du deine Freuden schlau betrogen,
Und hast du deines Reichtums Vollgefühl
Tief, tief den Odem in die Brust gezogen?

»Und der Moment, wo eine Rechte schwimmt
Ob teurem Haupte mit bewegtem Segen,
Wo sie das Herz vom eignen Herzen nimmt,
Um freudig an das fremde es zu legen,
Hast du ihn je erlebt und standest dann,
Die Arme still und freundlich eingeschlagen,
Selig berechnend, welche Früchte kann,
Wie liebliche, das neue Bündnis tragen?

»Dann bist du glücklich, bist geliebt und reich,
Ein Fels, an dem sich alle Blitze spalten;
Dann mag dein Kranz verwelken, mögen bleich
Krankheit und Alter dir die Stirne falten:
Dann bist der Mittelpunkt du deiner Welt,
Der Kreis, aus dem die Freudestrahlen quillen,
Und was so frisch der Bäche Ufer schwellt,
Wie sollte seinen Born es nicht erfüllen!

Grüße

Steigt mir in diesem fremden Lande
Die allbekannte Nacht empor,
Klatscht es wie Hufesschlag vom Strande,
Rollt sich die Dämmerung hervor,
Gleich Staubeswolken mir entgegen
Von meinem lieben starken Nord,
Und fühl' ich meine Locken regen
Der Luft gcheimnisvolles Wort –

Dann ist es mir, als hör' ich reiten
Und klirren und entgegenziehn
Mein Vaterland von allen Seiten,
Und seine Küsse fühl' ich glühn;
Dann wird des Windes leises Munkeln
Mir zu verworrnen Stimmen bald,
Und jede schwache Form im Dunkeln
Zur tiefvertrautesten Gestalt.

Und meine Arme muß ich strecken,
Muß Küsse, Küsse hauchen aus,
Wie sie die Leiber könnten wecken,
Die modernden, im grünen Haus;
Muß jeden Waldeswipfel grüßen,
Und jede Heid' und jeden Bach,
Und alle Tropfen, die da fließen,
Und jedes Hälmchen, das noch wach.

Du, Vaterhaus, mit deinen Türmen,
Vom stillen Weiher eingewiegt,
Wo ich in meines Lebens Stürmen
So oft erlegen und gesiegt; –
Ihr breiten, laubgewölbten Hallen,
Die jung und fröhlich mich gesehn,
Wo ewig meine Seufzer wallen
Und meines Fußes Spuren stehn.

Du feuchter Wind von meinen Heiden,
Der wie verschämte Klage weint,
Du Sonnenstrahl, der so bescheiden
Auf ihre Kräuter niederscheint; –
Ihr Gleise, die mich fortgetragen,
Ihr Augen, die mir nachgeblinkt,
Ihr Herzen, die mir nachgeschlagen,
Ihr Hände, die mir nachgewinkt.

Und Grüße, Grüße, Dach, wo nimmer
Die treuste Seele mein vergißt
Und jetzt bei ihres Lämpchens Schimmer
Für mich den Abendsegen liest,
Wo bei des Hahnes erstem Krähen
Sie matt die graue Wimper streicht
Und einmal noch vor Schlafengehen
An mein verlaßnes Lager schleicht.

Ich möcht' euch alle an mich schließen,
Ich fühl' euch alle um mich her,
Ich möchte mich in euch ergießen,
Gleich siechem Bache in das Meer.
O, wüßtet ihr, wie krank gerötet,
Wie fieberhaft ein Äther brennt,
Wo keine Seele für uns betet
Und keiner unsre Toten kennt!

Doppeltgänger

Kennst du die Stunde, wo man selig ist
In Schlaf und Wachens wunderlichem Segen?
's war eine Nacht, vom Taue wachgeküßt,
Das Dunkel fühlt' ich kühl wie zarten Regen
An meine Wange gleiten, das Gerüst
Des Vorhangs schien sich schaukelnd zu bewegen –
Rings tiefe Stille, der das Ohr erlag,
Doch mir im Haupt war leises Summen wach.

Mir war so wohl und federleicht zu Mut,
So schwimmend, und die Wimper halb geschlossen;
Verlorne Funken zuckten durch mein Blut,
Von leisen Lauten wähnt' ich mich umflossen;
's war eine Stunde, wo der Zeiger ruht,
Die Geisterstund' verschollner Traumgenossen.
's war eine Nacht, wo man am Morgen fragt:
Hat damals, oder hat es jetzt getagt?

Und immer heller ward der süße Klang,
Das liebe Lachen; es begann zu schwimmen
Wie Bilder von Daguerre die Deck' entlang,
Es wisperte wie jugendliche Stimmen,
Wie halbvergeßner, ungewisser Sang;
Gleich Feuerwürmern sah ich Augen glimmen,
Dann wurden feucht sie, wurden blau und lind,
Und mir zu Füßen saß ein schönes Kind.

Das sah zu mir empor, so ernst gespannt,
Als quelle ihm die Seele aus den Blicken,
Bald schloß es, schmerzlich zuckend, seine Hand,
Bald schüttelt' es sie, funkelnd vor Entzücken,
Und horchend, horchend klomm es sacht heran
Zu meiner Schulter – und wo blieb es dann? –

O, wären's Geisterstimmen aus der Luft,
Die sich wie Vogelzwitschern um mich reihten!

Wär' Grabesbrodem nur der leise Duft,
Der mich umseufzte aus verschollnen Zeiten!
Doch nur mein Herz ist ihre stille Gruft,
Und meine Heil'gen, meine einst Geweihten,
Sie leben alle, wandeln allzumal –
Vielleicht zum Segen sich, doch mir zur Qual.

Im Grase

Süße Ruh', süßer Taumel im Gras,
Von des Krautes Arome umhaucht,
Tiefe Flut, tief tief trunkne Flut,
Wenn die Wolk' am Azure verraucht,
Wenn aufs müde, schwimmende Haupt
Süßes Lachen gaukelt herab,
Liebe Stimme säuselt und träuft
Wie die Lindenblüt' auf ein Grab.

Wenn im Busen die Toten dann,
Jede Leiche sich streckt und regt,
Leise, leise den Odem zieht,
Die geschloßne Wimper bewegt,
Tote Lieb', tote Lust, tote Zeit,
All die Schätze, im Schutt verwühlt,
Sich berühren mit schüchternem Klang
Gleich den Glöckchen, vom Winde umspielt.

Stunden, flücht'ger ihr als der Kuß
Eines Strahls auf der trauernden See,
Als des ziehenden Vogels Lied,
Das mir nieder perlt aus der Höh',
Als des schillernden Käfers Blitz,
Wenn den Sonnenpfad er durcheilt,
Als der heiße Druck einer Hand,
Die zum letzten Male verweilt.

Dennoch, Himmel, immer mir nur
Dieses Eine mir: für das Lied
Jedes freien Vogels im Blau
Eine Seele, die mit ihm zieht,
Nur für jeden kärglichen Strahl
Meinen farbig schillernden Saum,
Jeder warmen Hand meinen Druck,
Und für jedes Glück meinen Traum.

Die Golems

Hätt' ich dich nicht als süßes Kind gekannt,
Mit deinem Seraph in den klaren Blicken,
Dich nicht leitend in der Märchen Zauberland,
Gefühlt der kleinen Hände zitternd Drücken:
Ich möchte wohl dich mit Behagen sehen,
Du wärst mir eine brave, hübsche Frau,
Doch ach, jetzt muß ich unter deiner Brau',
Muß stets nach dem entflohnen Engel spähen.

Und du, mit deinem Wort, bedacht und breit,
Dem klugen Lächeln und der Stirne Falten,
Spricht dir kein armer Traum von jener Zeit,
Wo deine Glut die Felsen wollte spalten?
Ein braver Bürger bist du, hoch zu ehren,
Ein wahrer Heros auf der Mittelbahn;
Allein mein Flammenwirbel, mein Vulkan –
Ach, daß die Berge Mäuse nur gebären!

Weh ihm, der lebt in des Vergangnen Schau,
Um bleiche Bilder wirbt, verschwommne Töne!
Nicht was gebrochen, macht das Haar ihm grau,
Was Tod geknickt in seiner süßen Schöne,
Doch sie, die Monumente ohne Toten,
Die wandernden Gebilde ohne Blut,
Die leeren Tempel ohne Opferglut
Die gelben Haine ohne Frühlingsboten!

's gibt eine Sage aus dem Orient
Von Weisen, toter Scholle Formen gebend,
Geliebte Formen, die die Sehnsucht kennt,
Und mit dem Zauberworte sie belebend;
Der Golem wandelt mit bekanntem Schritte,
Er spricht, er lächelt mit bekanntem Hauch,
Allein es ist kein Strahl in seinem Aug',
Es schlägt kein Herz in seines Busens Mitte.

Und wie sich alte Treu ihm unterjocht,
Er haucht sie an mit der Verwesung Schrecken,
Wie angstvoll die Erinnrung ruft und pocht,
Es ist in ihm kein Träumender zu wecken –;
Und tief gebrochen sieht die Treue schwinden,
Was sie so lang und heilig hat bewahrt,
Was jetzt nicht Lebens, nicht des Todes Art,
Nicht hier und nicht im Himmel ist zu finden.

O kniee still an deiner Toten Gruft,
Dort magst du milde, fromme Tränen weinen,
Mit ihrem Odem säuselt dir die Luft,
Mit ihrem Antlitz wird der Mond dir scheinen.
Dein sind sie, dein, wie mit gebrochnen Augen,
Wie dein sie waren mit dem letzten Blick;
Doch fliehe, von den Golem flieh zurück,
Die deine Tränen nur wie Gletscher saugen.

Spätes Erwachen

Wie war mein Dasein abgeschlossen,
Als ich im grün umhegten Haus
Durch Lerchenschlag und Fichtensprossen
Noch träumt' in den Azur hinaus.

Als keinen Blick ich noch erkannte,
Als den des Strahles durchs Gezweig,
Die Felsen meine Brüder nannte,
Schwester mein Spiegelbild im Teich.

Nicht rede ich von jenen Jahren,
Die dämmernd uns die Kindheit beut;
Nein, so verdämmert und zerfahren
War meine ganze Jugendzeit.

Wohl sah ich freundliche Gestalten
Am Horizont vorüberfliehn;
Ich konnte heiße Hände halten
Und heiße Lippen an mich ziehn;

Ich hörte ihres Grußes Pochen,
Ihr leises Wispern um mein Haus
Und sandte schwimmend, halbgebrochen,
Nur einen Seufzer halb hinaus.

Ich fühlte ihres Hauches Fächeln,
Und war doch keine Blume süß;
Ich sah der Liebe Engel lächeln,
Und hatte doch kein Paradies.

Mir war als habe in den Noten
Sich jeder Ton an mich verwirrt,
Sich jede Hand, die mir geboten,
Im Dunkel wunderlich verirrt.

Verschlossen blieb ich, eingeschlossen
In meiner Träume Zauberturm,
Die Blitze waren mir Genossen
Und Liebesstimme mir der Sturm.

Dem Wald ließ ich ein Lied erschallen,
Wie nie vor einem Menschenohr,
Und meine Träne ließ ich fallen,
Die heiße, in den Blumenflor.

Und alle Pfade mußt' ich fragen:
Kennt Vögel ihr und Strahlen auch?
Doch keinen: wohin magst du tragen?
Von welchem Odem schwillt dein Hauch?

Wie ist das anders nun geworden,
Seit ich ins Auge dir geblickt!
Wie ist nun jeder Welle Borden
Ein Menschenbildnis eingedrückt!

Wie fühl' ich allen warmen Händen
Nun ihre leisen Pulse nach,
Und jedem Blick sein scheues Wenden,
Und jeder schweren Brust ihr Ach!

Und alle Pfade möcht' ich fragen:
Wo zieht ihr hin? wo ist das Haus,
In dem lebend'ge Herzen schlagen,
Lebend'ger Odem schwillt hinaus?

Entzünden möcht' ich alle Kerzen
Und rufen jedem müden Sein:
Auf ist mein Paradies im Herzen,
Zieht alle, alle nun hinein!

Einer wie Viele und Viele wie Einer

Ich klage nicht den Mann, der fällt
Ein Markstein dem erkämpften Land,
Der seines Schicksals Becher hält,
Ihn mischend mit entschloßner Hand,
Nicht, der entgegentritt dem Sturm
Und weiß, daß er die Eiche bricht;
Wer war so reich wie Götz im Turm,
Wie Morus vor dem Blutgericht?

Ich klage nicht den Mann, der stirbt,
Von Welt und eigner Glut verzehrt,
Ihn, dem des Halmes Frucht verdirbt
Und den des Himmels Manna nährt;
Correggio nicht, der siech und falb
Die Kupferheller heimgebracht,
Cervantes, der verhungert halb
Ob seines Pansa noch gelacht.

Sie sind des Unglücks Fürsten, sind
Die Mächtigen im weiten Blau,
Sie fühlen, daß ihr Odem rinnt
Entzündend um der Erde Bau;
Daß aus der Grabesscholle gern
Die Ernte freudig schießt und voll,
Und daß zerfallen muß der Kern,
Wenn sich die Ceder strecken soll.

Ihn klag' ich, dessen Liebe groß
Und dessen Gabe arm und klein,
Den, wie die Glut das dürre Moos,
Zehrt jener Strahlen Widerschein;
Ihn, der des Funkens Irren fühlt
Verheerend in der Adern Bau,
Und den die Welle dann verspült,
Ein Aschenhäuflein, dünn und grau.

O, Eure Zahl ist Legion!
Ihr Halbgesegneten, wo scheu
Ins Herz der Genius geflohn,
Und öde ließ die Phantasei;
Ihr, die Euch möchtet flügellos
Erchwingen mit des Sehnens Hauch,
Und wieder an der Erde Schoß
Sinkt wie ein kranker Nebelrauch.

Nicht klag' ich Euch, weil Ihr gering,
Nicht weil ihr ärmlich und versiecht;
Ich weiß es, daß der Zauberring
Euch unbewußt am Finger liegt;
O, reich seid Ihr und wißt es nicht,
Denn reich ist nur der Träume Land;
O, stark seid Ihr und wißt es nicht,
Denn stark ist nur der Liebe Hand.

Wenn Ihr an Eurem Pulte neigt
An Eurer öden Staffelei,
Um Euch des Himmels Odem steigt
Und in Euch der Beklemmung Schrei;
Wenn zitternd nach dem Ideal
Ihr Eure heißen Arme streckt,
Und kaum für Euer täglich Mahl
Den Halm die nächsten Furche weckt:

Dann seid als der Poet Ihr mehr,
Der seines Herzens Blut verkauft,
Mehr als der stolze Künstler, der
Zur Heiligen die Hetäre tauft;
Was Ihr verschweigt, ist lieblicher,
Als je des Dichters Glut genährt,
Was Ihr begrabt, ist heiliger,
Als Farb' und Pinsel je verklärt.

Mir gab Natur ein kühnes Herz,
Ich senke nicht so leicht den Blick;
Mich drückt nicht Größe niederwärts,

Drängt keine fremde Hand zurück;
Nie hat des Ruhmes Strahlenkranz
An fremder Stirne mich gegrämt;
Doch vor so stiller Augen Glanz
Hab' ich mich hundertmal geschämt.

Weinende Quellen, wo sich rollt
Das Sonnenbild im Wellenbann,
Glühende Stufen, wo das Gold
Nicht aus der Schlacke scheiden kann,
Ich klag' um Euch, weil Ihr betrübt,
Weil Euch das Herz von Tränen schwillt,
Unwissend Sel'ge, weil Ihr liebt
Und zweifelt an der Gottheit Bild.

Wacht, wacht ob Eurem stillen Schatz,
Laßt uns das sonnenöde Land,
Laßt uns den freien Bühnenplatz
Und sterbt im Winkel unbekannt;
Einst wißt Ihr, was in Euch gelebt,
Und was in dem, der Euch gehöhnt;
Einst, wenn der Strahlengott sich hebt
Und wenn die Memnonssäule tönt.

Gemüt

Grün ist die Flur, der Himmel blau,
Doch tausend Farben spielt der Tau:
Es hofft die Erde bis zum Grabe.
Gewährung fiel dem Himmel zu;
Und sprich, was ist denn deine Gabe,
Gemüt, der Seele Iris du?

Du Tropfen Wolkentau, der sich
In unsrer Scholle Poren schlich,
Daß er dem Himmel sie gewöhne
An seinem lieblichsten Gedicht,
Du, irdisch heilig wie die Träne,
Und himmlisch heilig wie das Licht!

Ein Tropfen nur, ein Widerschein,
Doch alle Wunder saugend ein,
Ob, Perle, dich am Blatte wiegend
Und spielend um der Biene Fuß,
Ob, süßer Traum, im Grase liegend
Und lächelnd bei des Halmes Gruß.

O, Erd' und Himmel lächeln auch,
Wenn du, geweckt vom Morgenhauch,
Gleich einem Kinde hebst den weichen
Verschämten Mondesblick zum Tag,
Erharrend, was die Hand des Reichen
Von Glanz und Duft dir geben mag.

Lächle nur, lächle für und für,
Des Kindes Reichtum wird auch dir;
Dir wird des Zweiges Blatt zur Halle,
Zum Sammet dir des Mooses Vließ,
Opale, funkelnde Metalle
Wäscht Muschelscherbe dir und Kies.

Des kranken Blattes rötlich Grün
Drückt auf die Stirn dir den Rubin,
Mit Chrysolithes goldnen Flittern
Schmückt deinen Spiegel Kraut und Gras,
Und selbst des dürren Laubes Zittern
Schenkt dir den bräunlichen Topas.

Und gar, wenn losch das Sonnenlicht
Und nun dein eigenstes Gedicht
Morgana deines Seees gaukelt,
Ein Traum von Licht um deinen Ball
Und zarte Schattenbilder schaukelt,
Gefangne Geister im Kristall:

Dann schläfst du, schläfst in eigner Haft,
Läßt walten die verborgene Kraft,
Was nicht dem Himmel, nicht der Erden,
Was deiner Schöpfung nur bewußt,
Was nie gewesen, nie wird werden,
Die Embryone deiner Brust.

O lächle, träume immer zu,
Iris der Seele, Tropfen du!
Den Wald laß rauschen, im Gewimmel
Entfunkeln laß der Sterne Reihn;
Du hast die Erde, hast den Himmel,
Und deine Geister obendrein.

Die tote Lerche

Ich stand an deines Landes Grenzen,
An deinem grünen Saatenwald,
Und auf des ersten Strahles Glänzen
Ist dein Gesang herabgewallt.
Der Sonne schwirrtest du entgegen,
Wie eine Mücke nach dem Licht;
Dein Lied war wie ein Blütenregen,
Dein Flügelschlag wie ein Gedicht.

Da war es mir, als müsse ringen
Ich selber nach dem jungen Tag,
Als horch' ich meinem eignen Singen
Und meinem eignen Flügelschlag;
Die Sonne sprühte glühe Funken
In Flammen brannte mein Gesicht;
Ich selber taumelte wie trunken,
Wie eine Mücke nach dem Licht.

Da plötzlich sank und sank es nieder,
Gleich toter Kohle in die Saat,
Noch zucken sah ich kleine Glieder
Und bin erschrocken dann genaht;
Dein letztes Lied, es war verklungen;
Du lagst, ein armer kalter Rest,
Am Strahl verflattert und versungen
Bei deinem halbgebauten Nest.

Ich möchte Tränen um dich weinen,
Wie sie das Weh vom Herzen drängt,
Denn auch mein Leben wird verscheinen,
Ich fühl's, versungen und versengt;
Dann du, mein Leib, ihr armen Reste,
Dann nur ein Grab auf grüner Flur,
Und nah nur, nah bei meinem Neste,
In meiner stillen Heimat nur!

Unter der Linde

Es war an einem Morgen,
Die Vöglein sangen süß,
Und übern Rasen wallte
Das schönste Blumenvließ.
Das Börnlein mir zur Seite
Sprang leise, leise fort,
Mit halbgeschloßnem Auge
Saß ich und lauschte dort.

Ich sah die Schmetterlinge
Sich jagen durch das Licht,
Und der Libelle Flügel
Mir zittern am Gesicht;
Still saß ich, wie gestorben,
Und ließ mir's wohlig sein,
Und mich mit Blütenflocken
Vom Lindenzweig bestreun.

Mein Sitz war dicht am Wege,
Ich konnte ruhig spähn;
Doch mich, verhüllt vom Strauche,
Mich hat man nicht gesehn;
Wenn knarrend Wagen rollten,
Dann drang zu mir der Staub,
Und wenn die Vöglein hüpften,
Dann zitterte das Laub.

Und nahe mir am Hange
'ne alte Buche stand,
Um die der ernste Eppich
Sich hoch und höher wand.
Sein düstres Grün umrankte
Noch manchen kranken Zweig;
Doch die gesunden spielten
Wie doppelt grün und reich.

Es war im Maienmonde,
Die Blätter atlaszart;
Wie hast du, alter Knabe,
So frisches Herz bewahrt?
Auf einer Seite trauernd
Und auf der andern licht,
Zeigst du auf grauer Säule
Ein Janusangesicht.

Und eines Freundes dacht' ich,
Deß Locken grau und lind,
Ein armes Wrack sein Körper
Und ach, sein Herz ein Kind;
Mich dünkt', ich sah ihn starren
Mit Tränen in ein Grab,
Und seitwärts Blumen streuen
In eine Wieg' hinab.

Da weckten Rinderglocken
Mich aus den Phantasein;
Ein wüster Staubeswirbel
Drang durchs Gebüsch hinein,
Und mit Geschrei und Schelten
Riß Ast und Efeustab
Der Treiberknecht vom Baume
Und trieb sein Vieh bergab.

Ich hörte lang sein Toben
Und seinen wüsten Schrei;
Doch horch, was trabt so neckend,
So drall und knapp herbei?
Das Ränzel auf dem Rücken,
Barett im blonden Haar,
Kam ein Student gepfiffen,
Ein lustiger Scholar.

» *O pescator dell' onde!*«
Es gellt mir dicht am Ohr;
Nun stand er an der Buche,

Er hob den Arm empor,
Verbrämt sein schlichtes Käpplein
Mit Lindenzweiges Zier,
Und pfeifend trägt er weiter
Sein flatterndes Zimier.

Glück auf, mein frischer Junge,
Gott gönn' dir Luft und Raum!
Wie gern die schmucke Flagge
Dir gönnt der heitre Baum;
Er ist kein schlimmer Alter,
Dem in verdorrter Brust
Das Herz vor Ärger zittert
Bei blanker Jugend Lust.

Doch still, was naht sich wieder?
Ein Husten, kurz und hohl,
Es schlürft den Anger nieder –
Die Schritte kenn' ich wohl!
Es ist der Buche Zwilling,
Mein greiser, siecher Freund,
Auf dessen Haupt so flammend
Die Maiensonne scheint.

Nun stand er an dem Baume,
Lugt' unterm Zelt hinaus,
Wie roch er so behaglich
An seinem Veilchenstrauß.
Nun sucht' er an der Rinde,
Er spähte um und um
Und lachte ganz verstohlen
Und sah verschüchtert um.

Dort fand ich tiefe Risse
Und dachte Frostes Spalt;
Doch wären's Namenszüge,
Vermorscht und adamsalt?
Nun schlägt er einen Nagel,
Er hängt sein Kränzchen auf,

Mich dünkt, ich sah erröten
Ihn an die Stirn hinauf.

O, konntest du mich ahnen,
Mein grauer Lysias,
In deinem ganzen Leben
Wärst du nicht wieder blaß.
Doch wer dein spotten könnte,
Du Herz voll Kindessinn,
Das wär' gewiß kein Mädchen
Und keine Dichterin.

Meine Steckenpferde

O, die Bevölkerung überall!
O, unsre gesegneten Zeiten!
In Roßpalästen und Menschenstall
Wie Flocken sieht man es gleiten;
Von Bettlern wimmelt das ganze Land,
Von Künstlergesindel die Erde,
Doch keine Rasse nahm überhand,
Wie jene der Steckenpferde.

Der eine reitet den Tschernebock,
Der andre, Himmel! den Goethe,
Und jener holpert über Stein und Stock
Auf einer alten Muskete.
Ein Tonnenbacher rutscht dieser mit
Auf hochgetriebnem Pokale,
Und der macht gar den bedenklichen Ritt
Auf einem elektrischen Aale.

Das war vorzeiten ein anderes Ding:
Kam mal 'ne Möwe geflogen,
Fing einer im Netze den Schmetterling,
Schier hätt' man die Glocken gezogen;
Und wer vom Pegasus nur geträumt,
Des staunten Freund' und Verwandte;
Jetzt steht im Narrenstalle gezäumt
Für jeden die Rosinante.

Meine Steckenpferdchen sind glatt und rund,
Sind blank gefütterte Schimmel,
Ihr Trab ein Flüstern von Frauenmund,
Ihr Wiehern ein zartes Gebimmel.
Dort sprengen sie an der Longe hinaus,
Meine Silbergrauen und Fahlen,
Sechs Kreuzer dem, der sie lobt zu Haus,
Und zwölf, der sie lobt in Journalen!

Der Dichter

Die ihr beim frohen Mahle lacht,
Euch eure Blumen zieht in Scherben
Und, was an Gold euch zugedacht,
Euch wohlbehaglich laßt vererben,
Ihr starrt dem Dichter ins Gesicht,
Verwundert, daß er Rosen bricht
Von Disteln, aus dem Quell der Augen
Korall' und Perle weiß zu saugen;

Daß er den Blitz herniederlangt,
Um seine Fackel zu entzünden,
Im Wettertoben, wenn euch bangt,
Den rechten Odem weiß zu finden:
Ihr starrt ihn an mit halbem Neid,
Den Geisteskrösus seiner Zeit,
Und wißt es nicht, mit welchen Qualen
Er seine Schätze muß bezahlen.

Wißt nicht, daß ihn, Verdammten gleich,
Nur rinnend Feuer kann ernähren,
Nur der durchstürmten Wolke Reich
Den Lebensodem kann gewähren;
Daß, wo das Haupt ihr sinnend hängt,
Sich blutig ihm die Träne drängt,
Nur in des schärfsten Dornes Spalten
Sich seine Blume kann entfalten.

Meint ihr, das Wetter zünde nicht?
Meint ihr, der Sturm erschüttre nicht?
Meint ihr, die Träne brenne nicht?
Meint ihr, die Dornen stechen nicht?
Ja, eine Lamp' hat er entfacht,
Die nur das Mark ihm sieden macht;
Ja, Perlen fischt er und Juwele,
Die kosten nichts als seine Seele.

Auch ein Beruf

Die Abendröte war zerflossen,
Wir standen an des Weihers Rand,
Und ich hielt meine Hand geschlossen
Um ihre kleine kalte Hand.
»So müssen wir denn wirklich scheiden?
Das Schicksal würfelt mit uns beiden,
Wir sind wie herrenloses Land.

»Von keines Herdes Pflicht gebunden,
Meint jeder nur, wir seien grad'
Für sein Bedürfnis nur erfunden,
Das hilfbereite fünfte Rad.
Was hilft es uns, daß frei wir stehen,
Auf keines Menschen Hände sehen?
Man zeichnet dennoch uns den Pfad.

»Wo dicht die Bäume sich verzweigen
Und um den schlanken Stamm hinab
Sich tausend Nachbaräste neigen,
Da schreitet schnell der Wanderstab.
Doch drüben sieh die einzle Linde,
Ein jeder schreibt in ihre Rinde,
Und jeder bricht ein Zweiglein ab.

»O hätten wir nur Mut, zu walten
Der Gaben, die das Glück beschert!
Wer dürft uns hindern? wer uns halten?
Wer kümmern uns den eignen Herd?
Wir leiden nach dem alten Rechte,
Daß, wer sich selber macht zum Knechte,
Nicht ist der goldnen Freiheit wert.

»Zieh hin, wie du berufen worden,
In der Campagna Glut und Schweiß,
Und ich will ziehn in meinen Norden,
Zu siechen unter Schnee und Eis.

Nicht würdig sind wir beßrer Tage,
Denn wer nicht kämpfen mag, der trage,
Dulde, wer nicht zu handeln weiß.«

So ward an Weihers Rand gesprochen,
In Zorne halb und halb in Pein;
Wir hätten gern den Stab gebrochen
Ob all den kleinen Tyrannein.
Und als die Regenwolken stiegen,
Da bahnten wir erst mit Vergnügen
Uns in den Ärger recht hinein.

Solang die Tropfen einzeln fielen,
War's Naphthaöl in unsern Trutz;
Auch eins von des Geschickes Spielen,
Zum Schaden uns und keinem nutz!
Doch als der Himmel Schloßen streute,
Da machten wir's wie andre Leute
Und suchten auch der Linde Schutz.

Dort hockt ein Häuflein dicht beisammen,
Sich schauernd unterm Blätterdach;
Die Wolke zuckte Schwefelflammen
Und jagte Regenstriemen nach.
Wir hörten's auf den Blättern springen,
Jedoch kein Tropfen konnte dringen
In unser laubiges Gemach.

Fürwahr, ein armes Häuflein war es,
Was hier dem Wettersturm entrann:
Ein hagrer Jud' gebleichten Haares,
Mit seinem Hund ein blinder Mann,
Ein Schuladjunkt im magern Fracke
Und dann mit seinem Bettelsacke
Der kleine hinkende Johann.

Und alle sahn bei jedem Stoße
Behaglich an den Stamm hinauf,
Rückten die Bündelchen im Schoße

Und drängten lächelnd sich zuhauf;
Denn wie so hohler schlug der Regen,
So breiter warf dem Sturm entgegen
Der Baum die grünen Schirme auf.

Wie kämpfte er mit allen Gliedern,
Zu schützen, was sich ihm vertraut!
Wie freudig rauscht' er, zu erwidern
Den Glauben, der auf ihn gebaut!
Ich fühlte seltsam mich befangen;
Beschämt, mit hocherglühten Wangen,
Hab' in die Krone ich geschaut

Des Baumes, der, keines Menschen Eigen,
Verloren in der Heide stand,
Nicht Früchte trug in seinen Zweigen,
Nicht Nahrung für des Herdes Brand;
Der nur auf Gottes Wink entsprossen
Dem fremden Haupte zum Genossen,
Dem Wandrer in der Steppe Sand.

Zur Freundin sah ich, sie herüber,
Wir dachten Gleiches wohl vielleicht,
Denn ihre Mienen waren trüber
Und ihre lieben Augen feucht.
Doch haben wir kein Wort gesprochen,
Vom Baum ein Zweiglein nur gebrochen
Und still die Hände uns gereicht.

Das Bild

I.

Sie stehn vor deinem Bild und schauen
In dein verschleiert Augenlicht,
Sie prüfen Lippe, Kinn und Brauen
Und sagen dann: »Du sei'st es nicht;
Zu klar die Stirn, zu voll die Wange,
Zu üppig in der Locken Hange,
Ein lieblich fremdes Angesicht.«

O wüßten sie es, wie ein treues
Gemüt die kleinsten Züge hegt,
Ein Zucken nur, ein flüchtig scheues,
Als Kleinod in die Seele legt;
Wie nur ein Wort, mit gleichem Klange
Gehaucht, dem Feinde selbst das bange,
Bewegte Herz entgegen trägt

Sie würden besser mich begreifen,
Sehn deiner Locken dunklen Hag
Sie mich mit leisem Finger streifen,
Als lüft' ich sie dem jungen Tag;
Den Flor mich breiten dicht und dichter,
Daß deiner Augen zarte Lichter
Kein Sonnenstaub verletzen mag.

Was fremd, dahin will ich nicht schauen,
Ich will nicht wissen, wo sie brennt,
Ob an der Lipp', ob an den Brauen,
Die Flamme, die dein Herz nicht kennt;
Ich will nur sehn in deine Augen,
Den einen reinen Blick nur saugen,
Der leise meinen Namen nennt.

Ihn, der wie Äther mich umflossen,
Als in der ernsten Abendzeit

Wir saßen Hand in Hand geschlossen
Und dachten Tod und Ewigkeit;
Ihn, der sich von der Sonne Schwinden
Heilig gewendet, mich zu finden,
Und lächelnd sprach: ich bin bereit.

II.

Und wär' es wahr auch, daß der Jahre Pflug
Dir Furchen in die klare Stirn getrieben,
Nicht so elastisch deiner Lippen Zug
Bezeichne mehr dein Zürnen und dein Lieben,
Wenn dichter auch die Hülle dich umschlingt,
Durch die der Strahl, der gottbeseelte, dringt:
Mir bist die immer Gleiche du geblieben.

Wenn minder stolz und edel die Gestalt,
Ich weiß in ihr die ungebeugte Seele;
Wenn es wie Nebel deinen Blick umwallt,
Ich weiß es, daß die Wolke Gluten hehle;
Und deiner weichen Stimme tiefrer Klang,
Verhallend, geisterhaft wie Wellensang.
Ich fühl' es, daß kein Liebeswort ihm fehle.

O Fluch des Alters, wenn das beßre Teil
Mit ihm dem Gottesbilde müßte weichen!
Wenn minder liebewarm ein Lächeln, weil
Der Kummer ihm gelassen seine Zeichen,
Ein Auge gütig nur, solange leicht
Und anmutsvoll die Träne ihm entschleicht,
Und ros'ge Wangen zücht'ger als die bleichen.

Und dennoch hält sie alle uns betört,
Die Form, die staubgeborne, wandelbare,
Scheint willig uns ein Ohr, das leise hört,
Kühn einer frischen Stimme Siegsfanfare;
Wir alle sehen nur des Pharus Licht,
Die Glut im Erdenschoße sehn wir nicht,
Und keiner denkt der Lampe am Altare.

III.

Ich weiß ein beßres Bild zu finden
Als jenes, das dir ferner weicht,
Wie tiefer deine Wurzeln gründen
Und reifer sich die Ähre neigt;
Ein beßres, als zu dessen Rahmen,
Wenn Jahre schwanden, Jahre kamen,
Man wie sein eigner Schatten schleicht.

Lausch' ich am Strande ob der lauen
Entschlafnen Flut mit scheuer Lust,
Wird unterm Flore dann, dem blauen,
Lebendig mir die ernste Rust,
Ich seh' am Grunde die Korallen,
Ich seh' der Fischlein goldig Wallen
Und schaue tief in deine Brust.

Und wieder an der Grüfte Bogen
Seh' ich der Mauerflechte Stab
Mit tausend Ranken eingesogen
In des Gesteines Herz hinab,
Von Taue schwer die grünen Locken,
Leuchtwürmer in der Wimper Flocken
Das ist dein Lieben übers Grab.

Und wenn an der Genesung Bronnen
Im Saale tafeln Stern und Band
Sich mittags kranke Bettler sonnen,
Begierig schlürfen überm Rand
Und emsig ihre Schalen schwenken
Dann muß ich an dein Geben denken,
An deine warme, offne Hand.

O, jener Quell, der glüh und leise,
Ein Sprudel deiner Brust entquillt,
Der nichts von Flocken weiß und Eise,
Mit Segen seine Steppe füllt,
Ihm kann nur gleichen, wessen Walten

Nie siechen kann und nie veralten,
Und die Natur nur ist dein Bild.

Silvesterabend

Am letzten Tage des Jahres,
Da dacht' ich, wie mancher tot,
Den ich bei seinem Beginne
Noch lustig gesehen und rot;
Wie mancher am Sargesbaume
Gelacht unterm laubigen Zelt,
Und wie vielleicht auch der meine
Zur Stunde schon sei gefällt.

Wer wird dann meiner gedenken,
Wenn ich nun gestorben bin?
Wohl wird man Tränen mir weihen,
Doch diese sind bald dahin;
Wird wohl man Lieder mir singen,
Doch diese verweht die Zeit;
Vielleicht einen Stein mir setzen,
Den bald der Winter verschneit.

Und wenn die Flocke zerronnen
Und kehrt der Nachtigall Schlag,
Dann blieb nur die heilige Messe
An meinem Gedächtnistag;
Nur auf zerrissenem Blatte
Ein Lied von flüchtigem Stift,
Und mir zu Häupten die Decke
Mit mooszerfressener Schrift.

Wohl hab' ich viele Bekannte,
Die gern mir öffnen ihr Haus;
Doch wenn die Türe geschlossen,
Dann schaut man nimmer hinaus;
Dann haben sie einen andern
An meiner Stelle erwählt,
Der ihnen singt meine Lieder
Und meine Geschichten erzählt.

Wohl hab' ich ehrliche Freunde,
Die greift es härter schon an;
Doch wenn die Kette zerrissen,
Man flickt sie, so gut man kann;
Zwei Tage blieben sie düster
Sie meinten es ernst und treu
Und gingen dann in die Oper
Am dritten Tage aufs neu.

Ich habe liebe Verwandte,
Die tragen im Herzen das Leid;
Allein wie dürfte verkümmern
Ein Leben, so vielen geweiht?
Sie haben sich eben bezwungen,
Für andre Pflichten geschont;
Nur schweben wohl meine Züge
Zuweilen noch über den Mond.

Ich habe Bruder und Schwester,
Da ging ins Leben der Stich,
Da sind viel Tränen geflossen
Und viele Seufzer um mich.
O hätten sie einsam gestanden,
Ich lebte im ewigen Licht;
Nun haben sie meines vergessen
Um ihres Kindes Gesicht.

Ich hab', ich hab' eine Mutter,
Der kehr' ich im Traum bei Nacht,
Die kann das Auge nicht schließen,
Bis mein sie betend gedacht;
Die sieht mich in jedem Grabe,
Die hört mich im Rauschen des Hains
O, vergessen kann eine Mutter
Von zwanzig Kindern nicht eins!

Erzählende Gedichte

Das erste Gedicht

Auf meiner Heimat Grunde,
Da steht ein Zinnenbau,
Schaut finster in die Runde
Aus Wimpern schwer und grau;
An seiner Fenster Gittern
Wimmert des Kauzes Schrei,
Und drüber siehst du wittern
Den sonnentrunknen Weih.

Ein Wächter fest wie Klippen,
Von keinem Sturm bewegt,
Der in den harten Rippen
Gar manche Kugel trägt;
Ein Mahner auch, ein strenger,
Des Giebel grün und feucht
Mit spitzem Hut und Fänger
Des Hauses Geist besteigt.

Und sieht ihn das Gesinde
Am Fahnenschafte stehn,
Sich, wirbelnd vor dem Winde,
Mit leisem Schreie drehn,
Dann pocht im Schloßgemäuer
Gewiß die Totenuhr,
Oder ein tückisch Feuer
Frißt glimmend unterm Flur.

Wie hab' ich ihn umstrichen
Als Kind oft stundenlang,
Bin heimlich dann geschlichen
Den schwer verpönten Gang
Hinauf die Wendelstiege,
Die unterm Tritte bog,

Bis zu des Sturmes Wiege,
Zum Hahnenbalken hoch.

Und saß ich auf dem Balken
Im Dämmerstrahle falb,
Mich fühlend halb als Falken,
Als Mauereule halb,
Dann hab' ich aus dem Brodem
Den Geist zitiert mit Mut,
Ich, Hauch von seinem Odem
Und Blut von seinem Blut.

Doch als nun immer tiefer
Die Schlangenstiege sank,
Als schiefer stets und schiefer
Dräute die Stufenbank,
Da klomm' ich sonder Harren
Hinan den Zinnenring,
Und in des Daches Sparren
Barg ich ein heimlich Ding.

Das sollten Enkel finden,
Wenn einst der Turm zerbrach:
Es sollte etwas künden,
Das mir am Herzen lag.
Nun sinn' ich oft vergebens,
Was mich so tief bewegt,
Was mit Gefahr des Lebens
Ich in den Spalt gelegt?

Mir sagt ein Ahnden leise,
Es sei, gepflegt und glatt,
Von meinem Lorbeerreise
Das arme erste Blatt.
Auch daß es just gewittert,
Mir wie im Traume scheint,
Und daß ich sehr gezittert
Und bitterlich geweint.

Zerfallen am Gewände
Ist längst der Stiege Rund,
Kaum liegt noch vom Gelände
Ein morsches Brett am Grund;
Und wenn die Balken knarren,
Im Sturm die Fahne kreist,
Dann gleitet an den Sparren
Nicht mehr des Ahnen Geist.

Er mag nicht ferner hausen,
Wo aller Glaube schwand;
Ich aber stehe draußen
Und schau' hinauf die Wand,
Späh' durch der Sonne Lodern,
In welcher Ritze wohl
Es einsam mag vermodern,
Mein schüchtern arm Idol.

Nie sorgt' ein Falke schlechter
Für seine erste Brut!
Doch du, mein grauer Wächter,
Nimm es in deine Hut;
Und ist des Daches Schiene
Hinfürder nicht zu traun,
So laß die fromme Biene
Dran ihre Zelle baun!

Gastrecht

Ich war in einem schönen Haus
Und schien darin ein werter Gast;
Die Damen sahn wie Musen fast,
Sogar die Hunde geistreich aus.
Die Luft, von Ambraduft bewegt,
Schwamm wie zerfloßne Phantasie,
Und wenn ein Vorhang sich geregt,
Dann war sein Säuseln Poesie.

Wohl trat mir oft ein Schwindel nah,
Ich bin an Naphtha nicht gewöhnt,
Doch hat der Zauber mich versöhnt,
Und reiche Stunden lebt' ich da.
All, was man sagte, war so fein,
So aus der Menschenbrust seziert,
Der Schnitt so scharf und spiegelrein
Und so vortrefflich durchgeführt.

Da kam ein Tag, an dem man oft
Und leis von einem Gaste sprach,
Der, längst geladen, hintennach
Kam wie die Reue unverhofft.
Da ward am Fenster ausgeschaut,
Ein seltsam Lächeln im Gesicht:
Ich hätte Häuser drauf gebaut,
Der Fremde sei ein Musenlicht.

Und als er endlich angelangt,
Als alles ihm entgegenflog,
In den Salon ihn jubelnd zog,
Da hat mir ordentlich gebangt.
Doch schien ein schlichter Bursche nur
Mein Bruder in *hospitio*;
Vom Idealen keine Spur,
Nur frank, gesund und lebensfroh.

Drei Tage lebten wir nun flott,
Ganz wie im weiland Paradies,
Wo man die Engel sorgen ließ
Und geistreich sein den lieben Gott.
Des Gastes Auge hat geglüht,
Hat freundlich wie ein Stern geblinkt,
Und als er endlich trauernd schied,
Da ward ihm lange nachgewinkt.

O, unsre Wirte waren fein,
Gar feine Leute allzumal;
Schon sank die Dämmerung ins Tal,
Eh ihre Schonung nickte ein,
Und hier und dort ein Nadelstich,
Und schärfer dann ein Messerschnitt,
Und dann die Sonde säuberlich
In des Geschiednen Schwächen glitt.

O sichre Hand! O fester Arm!
O Sonde, leuchtend wie der Blitz!
Ich lehnte an des Gastes Sitz
Und fühlte sacht, ob er noch warm.
Und an das Fenster trat ich dann,
Nahm mir ein allbekanntes Buch
Und las, die Blicke ab und an
Versenkend in der Wolken Zug:

Einst vor dem Thron Mütassims, des Kalifen,
Beschwert mit Fesseln ein Verbrecher stand,
Dem, als vom Trunk betäubt die Wächter schliefen,
Des Herrschers eigne Hand den Dolch entwand.
Nur dunkel ward die Tat dem Volk bekannt;
Man flüsterte von nahen Blutes Sünden,
Von Freveln, die der Fürst nicht mög' ergründen.
Schwer traf die läss'gen Söldner das Gericht,
Wie es sie traf, die Sage kündet's nicht;
Nur dieses sagt sie: daß an jenem Tag
Ein schaudernd Schweigen über Bagdad lag,
Und daß, als man zum Spruch den Sünder führte,

Im weiten Saal sich keine Wimper rührte,
Und daß Mütassims Blick, zum Grund gewandt,
Die Blumen aus dem Teppich schier gebrannt.

Am Throne stand ein Becher mit Scherbet;
Den Gaum des Fürsten dörrten düstre Gluten,
Er fühlte seine Menschlichkeit verbluten
Am Stahle der bedräuten Majestät.
Wer gibt ihm seiner Nächte Schlaf zurück?
Wer seinen Mut zum Schaffen und zum Lieben?
Wer das Vertrauen auf sein altes Glück?
Dies alles stand in seinem Blick geschrieben.
Weh, weh, wenn er die Wimper heben wird!
Der Frevler zittert, daß die Fessel klirrt.
Als noch der Lohn ihm wässerte den Mund,
Ein kecker Fuchs, und jetzt, ein feiger Hund,
Würd' er sich doppelten Verrats nicht schämen;
Doch sieht er deutlich, keiner will ihn nehmen,
Schaut zähneknirschend nur zum Fürsten auf,
Die Wimper zuckt! da drängt ein Schrei sich auf,
Und wie im Strauch die kranke Schlange pfeift,
An innerm Krampfe will der Sklav ersticken.
O Allah, wird er sich dem Pfahl entrücken?
Und stürmisch der Kalif zum Becher greift,
Hält mit den eignen Händen den Scherbet
Ihm an die Lippen, bis der Krampf vergeht.
Die Farbe kehrt, der Sklave atmet tief;
Sein Auge, irr zuerst, dann fest und kühn,
Läßt lang er auf des Thrones Stufen glühn;
Dann spricht er ernst: »Lang lebe der Kalif!
Auf ihn hat sich Suleimans Geist gesenkt;
Ob er auch in gerechten Zornes Flamme
Zum Marterpfahle einen Gast verdamme,
Den aus dem eignen Becher er getränkt.«
Da ward Mütassim bleich vor innerer Qual,
Zittern sieht ihn sein Hof zum erstenmal;
Dann plötzlich ward sein Antlitz sonnenhell,
Und hochgetragnen Hauptes rief er: »Schnell
Die Fesseln ihm gelöst, ihr Sklaven! Frei

Entwandl' er, nur von seiner Schuld gedrückt!«
Doch zu dem Thron tritt der Wesir gebückt,
Spricht: »Fürst der Gläubigen, was soll geschehn,
Wenn er zum zweitenmal den Dolch gezückt?«
»Allah kerim! Das, was geschrieben ist
Im Buch des Lebens, drin nur Allah liest;
Allein auf keinem Blatte kann es stehn,
Daß der Verbrecher keine Gnade fand,
Den der Kalif getränkt mit eigner Hand.«

Ich schloß das Buch und dachte nach,
An Türken Christen mancherlei;
Mir war ein wenig schwül und scheu,
Und sacht entschlüpft' ich dem Gemach.
Wie schien der Blumen wilde Zier,
Wie labend mir die schlichte Welt!
Und auf dem Rückweg hab' ich mir
Die Pferde an der Post bestellt.

Der Nachtwandler

Siehst du das Ziegeldach am Hage dort?
Die Dämmerung sinkt, laßt uns vorüber eilen.
Bald steigt der Vollmond an des Moores Bord,
Dann ist's nicht gut in dieser Nähe weilen;
Hier schwebt kein Spuk den Fichtengang hinauf,
Kein Räuber paßt in jenem Schuppen auf,
Ein Bürgerhaus, ein bürgerlich Beginnen,
Es wohnt ein Greis, wohnen Diener drinnen.

Alt ist der Herr; wie alt, man weiß es kaum,
Er liebt es nicht, im Kirchenbuch zu deuten;
Ihm starb ein Weib vor langer Jahre Raum,
Und auch ein Kind, das sind verschollne Zeiten;
Es heißt, er habe ihr den Arzt versagt,
Mit schlechter Kost sein krankes Kind geplagt;
Was sagt man nicht, um Leute zu verdammen,
Wo sich das Gold in Haufen drängt zusammen!

Einst war er arm, hat kümmerlich gezehrt,
Wohl kümmerlicher noch als andre eben;
Da, heißt es, hab' um eines Talers Wert
Er einen Leib dem Galgen übergeben.
Jung sei der Dieb gewesen, hungerbleich,
Und seine Mutter krank; wer glaubt es gleich?
Neid folgt dem Reichen; sieh die Hütten drüben!
Dort wohnt die Not, sein ist ihr Gut geblieben.

Man kann ihn fleißig in der Kirche sehn,
Und seine Sitten durfte keiner rügen;
Doch seit des Körpers Kräfte ihm vergehn,
Muß übelem Gebrest der Greis erliegen;
So oft die Mondesscheibe füllt den Schein,
Hüllt er sich schlafend in das Leilach ein
Und klimmt vom Bett, das Kerzenstümpflein fachend,
Ein Diener folgt ihm, seinen Schritt bewachend.

Durch jener Hütte sieht der Fröhner ihn
Dann stundenlang am Fensterglase zählen,
Am Gold befeilen, Federstriche ziehn
Und plötzlich greifen, wie nach Diebeskehlen;
Dann ist auch wohl ein Schrei hinaus geschallt,
Als tue seiner Seele man Gewalt,
Bis ihm die Arme sinken wie verwittert
Und weiter er mit seinem Lämpchen zittert.

Sein nächster Gang ist jene Kammer, wo
Bei einem größern Lager steht ein kleines;
Dort wiegt er sich am Bettchen, so und so,
Als schüttl' er eine Flasche edlen Weines,
Und gießt und gießt, als würd' sie nimmer leer,
Und stopft und stopft wie Bissen mehr und mehr,
Und tastend scheint er einen Puls zu greifen,
Gebückt, als lausch' er schwachen Odems Pfeifen.

Und an dem andern Lager steht er dann,
Scheint tröpfelnd über Arzenei'n zu bücken;
Er breitet schwingend eine Decke an,
Und einen Schirm scheint er hinan zu rücken,
Im Hui hat er dann das Glas erreicht,
Das Fenster, wo sich fern der Galgen zeigt
Der Diener springt, man hört ein dumpf Gewimmer
Das Fenster klirrt und dunkel ist das Zimmer.

Schreit' schneller, schneller! an der Scheibe dort,
Sieh, wie es leise glimmt und Funken zittert;
Nun zuckt ein blaues Flämmchen; fort, nur fort!
Mir ist, wie wenn die ganze Luft gewittert.
Schau nicht zurück! Verwegner, fluch' ihm nicht!
Laß ihn allein mit Gott und dem Gericht!
Meinst du, ein Fluch vergrößre seine Leiden?
O laß den Dieb am Galgen beneiden!

Das verlorene Paradies

Als noch das Paradies erschlossen war
Dem ersten sündelosen Menschenpaar,
Kein Gift die Viper kannte, keinen Dorn
Der Strauch, der Leu und Tiger keinen Zorn,
Noch fröhlich scholl der Nachtigallen Flöte;
Da schlief an jedem Abend Eva ein
An einem Rosenstrauche, und der Schein
Von ihrer unschuldsvollen Wangenröte
Spielt' lieblich um der Blume lichten Ball;
Denn damals waren weiß die Rosen all
Und dornenlos. Umnickt vom duft'gen Kranz,
Der überm Haupte führte lichten Tanz,
Ruhte das erste Weib, Gedanken sinnend,
Die, Embryone, schon der Gottheit Siegel
Am Haupte trugen, schon im Keime minnend
Bewegten halberschloßne Seraphsflügel,
Sie lag, den Zweig an ihre Brust gedrückt,
Denn keine Blume wurde noch gepflückt,
Bis leise sich die Wimper niederließ
Und in die Träume schlich das Paradies;
O heilig war das Weib; wer sie gesehn,
Nicht denken hätt' er können, ob sie schön,
Nur daß sie rein wie Tau und Gottes Spiegel.
Die Ros' auch lächelt selig, doch wie lange?
Hüte dich vor der Schlange!

Am grauen Horizonte murrend stand
Der ersten Donnerwolke düstrer Rand,
Am Rosenstrauche fiel die erste Träne,
Und drüben weint' der Nachtigall Gestöhne.
Wär' dies das Bild von gestern, dieser Leib
Verhüllt in Blätterschutz? ein arges Weib!
Das Auge kündend ein verbotnes Wissen!
Wie scheint so heiß und hart des Mooses Kissen,
Wie dunsterfüllt des Paradieses Prangen,
Und wie so seltsam brennen ihre Wangen!
Fest hielt den vollen Rosenzweig sie, fest,

Wie der Versinkende die Binse preßt,
Oder sein Lieb ein glüh Verlangen.
Ob sie entschlief? Wohl endlich hat die Nacht
Ihr Ruhe, bleiernschweren Schlaf gebracht;
Der Regenguß, er hat sie nicht erweckt,
Des Donners Rollen sie nicht aufgeschreckt,
Ihr Haar nur flatterte im Windestosen,
Und ihr am Busen zitterten die Rosen;
Wie eine Leiche lag sie schmerzlich mild,
Zum erstenmal im Schlaf des Todes Bild;
Und als am Morgen sie die Wimper hob
Und zuckend von der Brust die Zweige schob,
Da war all ihrer Wangen lichter Schein
Gezogen in der Blumen Rund hinein,
In glüher Sehnsucht alle aufgegangen,
Zum Kusse öffnend all' den üpp'gen Mund;
Und Eva kniete weinend, ihre Wangen
Entfärbt und ihre Brust von Dornen wund.

Der sterbende General

Er lag im dichtverhängten Saal,
Wo grau der Sonnenstrahl sich brach
Auf seinem Schmerzensbette lag
Der alte kranke General.
Genüber ihm am Spiegel hing
Echarpe, Orden, Feldherrnstab.
Still war die Luft, am Fenster ging
Langsam die Schildwach auf und ab.

Wie der verwitterte Soldat
So stumm die letzte Fehde kämpft!
Zwölf Stunden, seit zuletzt gedämpft
Um »Wasser« er, um »Wasser« bat.
An seinem Kissen beugten zwei,
Des einen Auge rotgeweint,
Des andern düster, fest und treu,
Ein Diener und ein alter Freund.

»Tritt seitwärts«, sprach der eine, »laß
Ihn seines Standes Ehren sehn!
Den Vorhang weg, daß flatternd wehn
Die Bänder an dem Spiegelglas!«
Der Kranke schlug die Augen auf,
Man sah wohl, daß er ihn verstand;
Ein Blick, ein leuchtender, und drauf
Hat er sich düster abgewandt.

»Denkst du, mein alter Kamerad,
Der jubelnden Viktoria?
Wie flogen unsre Banner da
Durch der gemähten Feinde Saat!
Denkst du an unsers Prinzen Wort:
'Man sieht es gleich, hier stand der Wart!'
Schnell, Konrad, nehmt die Decke fort,
Sein Odem wird so kurz und hart!«

Der Obrist lauscht, er murmelt sacht:
»Verkümmert wie ein welkes Blatt!
Das Dutzend Friedensjahre hat
Zum Kapuziner ihn gemacht.
Wart! Wart! du hast so frisch und licht
So oft dem Tode dich gestellt,
Die Furcht, ich weiß es, kennst du nicht,
So stirb auch freudig wie ein Held!

»Stirb, wie ein Leue, adelig,
In seiner Brust das Bleigeschoß,
O stirb nicht, wie ein zahnlos Roß,
Das zappelt vor des Henkers Stich!
Ha, seinem Auge kehrt der Strahl!
Stirb, alter Freund, stirb wie ein Mann!«
Der Kranke zuckt, zuckt noch einmal,
Und »Wasser, Wasser« stöhnt er dann.

Leer ist die Flasche. – »Wache dort,
He, Wache, du bist abgelöst!
Schau, wo ans Haus das Gitter stößt,
Lauf, Wache, lauf zum Borne fort!
's ist auch ein grauer Knasterbart
Und strauchelt wie ein Dromedar
Nur schnell, die Sohlen nicht gespart!
Was, alter Bursche, Tränen gar?«

»Mein Kommandant«, spricht der Ulan
Grimmig verschämt, »ich dachte nach,
Wie ich blessiert am Strauche lag,
Der General mir nebenan,
Und wie er mir die Flasche bot,
Selbst dürstend in dem Sonnenbrand,
Und sprach: 'Du hast die schlimmste Not.'
Dran dacht ich nur, mein Kommandant!«

Der Kranke horcht, durch sein Gesicht
Zieht ein verwittert Lächeln, dann
Schaut fest den Veteran er an.

Die Seele, der Viktoria nicht,
Nicht Fürstenwort gelöst den Fluch,
Auf einem Tropfen Menschlichkeit
Schwimmt mit dem letzten Atemzug
Sie lächelnd in die Ewigkeit.

Volksglauben in den Pyrenäen

I.
Silvesterfei

Der morsche Tag ist eingesunken;
Sein Auge gläsern, kalt und leer,
Barg keines Taues linden Funken
Für den gebräunten Eppich mehr.
Wie's draußen schauert! längs der Wand
Ruschelt das Mäuslein unterm Halme,
Und langsam sprießt des Eises Palme
Am Scheibenrand.

In tiefer Nacht wem soll noch frommen
Am Sinne dort der Lampe Strahl?
Da schon des Herdes Scheit verglommen,
Welch späten Gastes harrt das Mahl?
Längst hat im Turme zu Escout
Die Glocke zwölfmal angeschlagen,
Und glitzernd sinkt der Himmelswagen
Dem Pole zu.

Durch jener Kammer dürre Barren
Ziehn Odemzüge, traumbeschwert,
Ein Ruck mitunter auch, ein Knarren,
Wenn sich im Bett der Schläfer kehrt;
Und nur ein leiser Husten wacht,
Kein Traum die Mutter hält befangen,
Sie kann nicht schlafen in der langen
Silvesternacht.

Jetzt ist die Zeit, wo los' und schleichend
Die Fei sich durch die Ritze schlingt,
Mit langer Schlepp' den Estrich streichend
Das Schicksal in die Häuser bringt,
An ihrer Hand das Glück, Gewind'
Und Ros' im Lockenhaar, ein schlankes,

Das Mißgeschick ein fieberkrankes,
Ein weinend Kind.

Und trifft sie alles recht zu Danke
Geordnet von der Frauen Hand,
Dann nippt vom Mahle wohl die schlanke
Und läßt auch wohl ein heimlich Pfand;
Doch sollt' ein Frevler lauschen, risch,
Im Hui, zerstoben ist die Szene,
Und scheidend fällt des Unglücks Träne
Auf Herd und Tisch.

O keine Bearnerin wird's wagen
Zu stehn am Astloch; lieber wird
Ein Tuch sie um die Augen schlagen,
Wenn durch den Spalt die Lampe flirrt.
Manon auch drückt die Wimper zu
Und zupft an der Gardinen Linnen;
Doch immer, immer läßt das Sinnen
Ihr keine Ruh'.

Ward glatt das Leilach auch gebreitet?
Hat hell der Becher auch geblinkt?
Ob jetzt das Glück zum Tische gleitet,
Ein Bröcklein nascht, ein Tröpflein trinkt?
Oft glaubt sie zarter Stimmen Hauch,
Verschämtes Trippeln oft zu hören,
Und dann am Brote leises Stören
Und Knuspern auch.

Sie horcht und horcht – das war ein Schlüpfen!
Doch nein der Wind die Föhren schwellt,
Und das am Flur ein schwaches Hüpfen,
Wie wenn zum Grund die Krume fällt!
»Eugène, was wirfst du dich umher,
Was soll denn das Gedehn' und Ziehen?
Mein Gott, wie ihm die Händchen glühen!
Er träumt so schwer.«

Sie rückt das Kind an ihrer Seiten,
Den Knaben, dicht zu sich heran,
Läßt durch sein Haar die Finger gleiten,
Es hangen Schweißes Tropfen dran;
Erschrocken öffnet sie das Aug',
Will nach dem Fensterglase schauen,
Da eben steigt das Morgengrauen,
Ein trüber Rauch.

Vom Lager fährt die Mutter, bebend
Hat sie der Lampe Docht geheilt,
Als sachte überm Leilach schwebend
Ein Efeublatt zu Boden fällt.
Das Glück! das ist des Glückes Spur!
Doch nein! sie pfückt' es ja dem Kinde,
Und dort nascht' an der Semmelrinde
Die Ratte nur.

Und wieder aus der Kammer stehlen
Sich Seufzer, halbbewußt Gestöhn;
»O Christ, was mag dem Knaben fehlen,
Eugène, wach auf, wach auf, Eugène!
Du lieber Gott, ist so geschwind,
Eh noch der Morgenstrahl entglommen,
Das Unglück mir ins Haus gekommen
Als krankes Kind!«

II.
Münzkraut

Der Frühling naht, es streicht der Star
Am Söller um sein altes Nest;
Schon sind die Täler sonnenklar,
Doch noch die Scholle hart und fest;
Nur wo der Strahl vom Felsen prallt,
Will mählich sich der Grund erweichen
Und schüchtern aus den Windeln schleichen
Der Gräser dichter lichter Wald.

Schau dort am Riff – man sieht es kaum –
So recht vom Sonnenbrand gekocht
Das kleine Beet, vier Schritte Raum,
Vom Schieferhange überjocht,
Nach Ost und Westen eingehegt,
Mit starken Planken abgeschlagen,
Als sollt' es Wunderblumen tragen,
Und sind nur Kräuter, was es trägt.

Und dort die Frau an Riffes Mitten,
Ach Gott, sie hat wohl viel gelitten!
Sie klimmt so schwer den Steig hinan,
Nun steht sie keuchend, löst das Mieder,
Nun sinkt sie an dem Beete nieder
Und faltet ihre Hände dann:

»Liebe Münze, du werter Stab,
Drauf meines Heilands Sohle stand,
Als ihm drüben im Morgenland
Sankt Battista die Taufe gab;
Heiliges Kraut, das aus seinem Leibe
Ward gesegnet mit Wunderkraft,
Hilf einer Witw', einem armen Weibe,
Das so sorglich um dich geschafft!

»Hier ist Brot, und hier ist Salz und Wein,
Sieh, ich leg's in deine Blätter mitten;
Woll' nicht zürnen, daß das Stück so klein,
Hab's von meinem Teile abgeschnitten;
Etwas wahrt' ich, Münze gnadenreich,
Schaffens halber nur, sonst gäb ich's gleich.

»Mein Knab' ist krank, du weißt es wohl,
Ich kam ja schon zu sieben Malen,
Und gestern mußt' ich in Bregnoles
Den Trank für ihn so teuer zahlen.
Vier hab' ich, vier, daß Gott erbarm'!
Mit diesen Händen zu ernähren,

Und, sieh, so kann's nicht länger währen,
Denn täglich schwächer wird mein Arm.

»O Madonna, Madonna, meine gnädige Frau!
Ich hab' gefrevelt, nimm's nicht genau,
Ich hab' gesündigt wider Willen!
Nimm, o nimm mir nur kein Kind,
Will ihm gern den Hunger stillen,
Wär's mit Bettelbrot; nicht eins
Kann ich missen, von allen keins!

»Zweimal muß ich noch den Steig hinan,
Siebenmal bin ich nun hier gewesen.
Heil'ge Frau von Embrun, wär' dann
Welk die Münze und mein Knab' genesen,
Gerne will ich dann an deinem Schrein
Meinen Treuring opfern, er ist klein,

»Nur von Silber, aber fleckenrein;
Denn ich hab' mit Ehren ihn getragen,
Darf vor Gott und Menschen mich nicht schämen;
Milde Fraue, laß mich nicht verzagen,
Liebe Dame, woll' ihn gütig nehmen,
Denk, er sei von Golde und Rubin,
Süße, heil'ge, werte Himmelskönigin!«

III.
Der Loup Garou

Brüderchen schläft, ihr Kinder, still!
Setzt euch ordentlich her zum Feuer!
Hört ihr der Eule wüst Geschrill?
Hu! im Walde ist's nicht geheuer;
Frommen Kindern geschieht kein Leid,
Drückt nur immer die Lippen zu!
Denn das böse, das lacht und schreit,
Holt die Eul' und der Loup Garou.

Wißt ihr, dort, wo das Naß vom Schiefer träuft
Und überm Weg 'ne andre Straße läuft,
Das nennt man Kreuzweg, und da geht er um
Bald so, bald so, doch immer falsch und stumm
Und immer schielend; vor dem Auge steht
Das Weiße ihm, so hat er es verdreht.
Dran ist er kenntlich und am Kettenschleifen,
So trabt er, trabt, darf keinem Frommen nahn,
Die schlimmen Leute nur, die darf er greifen
Mit seinem langen, langen, langen Zahn.

Schiebt das Reisig der Flamme ein,
Puh, wie die Funken knistern und stäuben!
Pierrot, was soll das Wackeln sein?
Mußt ein Weilchen du ruhig bleiben,
Gleich wird die Zeit dir jahrelang!
Laß doch den armen Hund in Ruh'!
Immer sind deine Händ' im Gang,
Denkst du denn nicht an den Loup Garou?

Vom reichen Kaufmann hab' ich euch erzählt,
Der seine dürft'gen Schuldner so gequält,
Und kam mit sieben Säcken von Bagnères,
Vier von Juwelen, drei von Golde schwer;
Wie er aus Geiz den schlimmen Führer nahm
Und ihm das Untier auf den Nacken kam.
Am Halse sah man noch der Kralle Spuren,
Die sieben Säcke hat es weggezuckt,
Und seine Börse auch, und seine Uhren,
Die hat es all zerbissen und verschluckt.

Schließt die Tür, es brummt im Wald!
Als die Sonne sich heut verkrochen,
Lag das Wetter am Riff geballt,
Und nun hört man's sieden und kochen.
Ruhig, ruhig, du kleines Ding!
Hörst du? drunten im Stalle hu!
Hörst du? Hörst du's? kling, klang, kling,
Schüttelt die Kette der Loup Garou.

Doch von dem Trunkenbolde wißt ihr nicht,
Dem in der kalten Weihnacht am Gesicht
Das Tier gefressen, daß am heilgen Tag
Er wund und scheußlich überm Schneee lag.
Zog von der Schenke aus, in jeder Hand
'ne Flasche, die man auch noch beide fand.
Doch wo die Wangen sonst, da waren Knochen,
Und wo die Augen, blut'ge Höhlen nur;
Und wo der Schädel hier und da zerbrochen,
Da sah man deutlich auch der Zähne Spur.

Wie am Giebel es knarrt und kracht!
Caton, schau auf die Bühne droben
Aber nimm mir die Lamp' in acht!
Ob vor die Luke der Riegel geschoben.
Pierrot, Schlingel, das rutscht herab
Von der Bank, ohne Strümpf' und Schuh!
Willst du bleiben! Tapp, tipp, tapp,
Geht auf dem Söller der Loup Garou.

Und meine Mutter hat mir oft gesagt
Von einem tauben Manne, hochbetagt,
Fast hundertjährig, dem es noch geschehn
Als Kind, daß er das Scheuel hat gesehn,
Recht wie 'nen Hund, nur weiß wie Schnee und ganz
Verkehrt die Augen, eingeklemmt den Schwanz,
Und spannenlang die Zunge aus dem Schlunde;
So mit der Kette weg an Waldes Bord,
Dann wieder sah er ihn im Tobelgrunde,
Und wieder sah er hin da war er fort.

Hab' ich es nicht gedacht? Es schneit!
Ho, wie fliegen die Flocken am Fenster!
Heilige Frau von Embrun! wer heut
Draußen wandelt, braucht keine Gespenster;
Irrlicht ist ihm die Nebelsäul',
Führt ihn schwankend dem Abgrunde zu,
Sturmes Flügel die Toteneul',
Und der Tobel sein Loup Garou.

IV.
Maisegen

Der Mai ist eingezogen,
Schon pflanzt er sein Panier
Am dunklen Himmelsbogen
Mit blanker Sterne Zier.
Die wilden Wasser brausen
Und rütteln aus den Klausen
Rellmaus und Murmeltier.

»Ob wohl das Gletschereis den Strom gedämmt?
Von mancher Hütte geht's auf schlimmen Wegen,
Der Sturm hat alle Firnen kahl gekämmt,
Und gestern wie aus Röhren schoß der Regen,
Adieu, Jeannette, nicht länger mich gehemmt!
Adieu, ich muß, es gilt den Maiensegen;
Wenn Vier es schlägt im Turme zu Escout,
Muß jeder Senner stehn am Pointe de Droux.«

Wie trunken schaun die Klippen,
Wie taumelnd in die Schlucht!
Als nickten sie, zu nippen
Vom Sturzbach auf der Flucht.
Da ist ein rasselnd Klingen,
Man hört die Schollen springen
Und brechen an der Bucht.

Auf allen Wegen ziehn Laternen um,
Und jedes Passes Echo wecken Schritte.
Habt acht, habt acht, die Nacht ist blind und stumm,
Die Schneeflut fraß an manches Blockes Kitte;
Habt acht, hört ihr des Bären tief Gebrumm?
Dort ist sein Lager an des Riffes Mitte;
Und dort die schiefe Klippenbank, fürwahr!
Sie hing schon los am ersten Februar.

Nun sprießen blasse Rosen
Am Gletscherbord hervor,

Und mit der Dämmrung kosen
Will schon das Klippentor;
Schon schwimmen lichte Streifen,
Es lockt der Gemse Pfeifen
Den Blick zum Grat empor.

Verlöscht sind die Laternen, und im Kreis
Steht eine Hirtenschar auf breiter Platte,
Voran der Patriarch, wie Silber weiß
Hängt um sein tiefgebräunt Gesicht das glatte,
Gestrählte Haar, und alle beten leis,
Nach Osten schauend, wo das farbensatte
Rubingewölk mit glitzerndem Geroll
Die stolze Sonnenkugel bringen soll.

Da kommt sie aufgefahren,
In strenger Majestät,
Und von den Firnaltaren
Die Opferflamme weht:
Da sinken in der Runde
So Knie an Knie, dem Munde
Entströmt das Maigebet:

»Herr Gott, der an des Maien erstem Tag
Den Strahl begabt mit sonderlichem Segen,
Den sich der sünd'ge Mensch gewinnen mag
In der geweihten Stunde, allerwegen,
Segne die Alm, segne das Vieh im Hag
Mit Luft und Wasser, Sonnenschein und Regen,
Durch Sankt Anton den Siedel, Sankt Renee,
Martin von Tours und unsre Frau vom Schnee.

»Segne das Haus, das Mahl auf unserm Tisch,
Am Berg den Weinstock und die Frucht im Tale,
Segne die Jagd am Gletscher und den Fisch
Im See und das Getiere allzumale,
So uns zur Nahrung dient, und das Gebüsch,
So uns erwärmt, mit Tau und Sonnenstrahle,

Durch Sankt Anton, den Siedel, Sankt Remy,
Sankt Paul und unsre Fraue von Clery.

»Wir schwören« alle Hände stehn zugleich
Empor »wir schwören, keinen Gast zu lassen
Von unserm Herd, eh sicher Weg und Steig,
Das Vieh zu schonen, keinen Feind zu hassen,
Den Quell zu ehren, Recht an arm und reich
Zu tun und mit der Treue nicht zu spaßen.
Das schwören wir beim Kreuze zu Autun
Und unsrer mächt'gen Fraue von Embrun.«

Da überm Kreise schweben,
Als wollten sie den Schwur
Zum Himmelstore heben,
Zwei Adler; auf die Flur
Senkt sich der Strahl vom Hange,
Und eine Demantschlange
Blitzt drunten der Adour.

Die Weiden sind verteilt, und wieder schallt
In jedem Passe schwerer Tritte Stampfen.
Voran, voran! die Firnenluft ist kalt
Und scheint die Lunge eisig zu umkrampfen.
Nur frisch voran schon sehn sie überm Wald
Den Vogel ziehn, die Nebelsäule dampfen,
Und wo das Riff durchbricht ein Klippengang,
Summt etwas auf, wie ferner Glockenklang.

Da liegt das schleierlose
Gewäld in Sonnenruh,
Und wie mit Sturmgetose
Dem Äthermeere zu,
Erfüllt des Tales Breite
Das Angelusgeläute
Vom Turme zu Escout.

V.
Höhlenfei

Siehst du drüben, am hohlen Baum,
Ins Geklüfte die Schatten steigen,
Überm Bord, ein blanker Saum,
Leises Quellengeriesel neigen?
Das ist die Eiche von Bagnères,
Das ist die Höhle Trou de fer,
Wo sie tags in der Spalten Raum,
Nächtlich wohnt in den surrenden Zweigen.

O, sie ist überalt, die Fei!
Laut Annalen, vor grauen Jahren,
Zwei Jahrhunderten oder drei,
Mußte sie seltsam sich gebaren:
Bald als Eule mit Uhuhu,
Bald als Katze und schwarze Kuh;
Auch als Wiesel, mit feinem Schrei,
Ist sie über die Kluft gefahren.

Aber, wenn jetzt im Mondenschein
Zarte Lichter den Grund betüpfen,
Sieht mitunter man am Gestein
Sie im schillernden Mantel hüpfen,
Hört ihr Stimmchen, Gesäusel gleich;
Aber nahst du, dann nickt der Zweig,
Und das Wasser wispert darein,
Und du siehst nur die Quelle schlüpfen.

Reich an Gold ist der Höhle Grund,
O wie Guinea und wie Bengalen!
Und man spricht vom bewachenden Hund,
Doch des melden nichts die Annalen;
Aber mancher, der wundersam,
Unbegreiflich zu Gelde kam,
Ließ, so kündet der Sage Mund,
Es am Baum von Bagnères sich zahlen,

Barg einen Beutel im Hohle breit,
Drin den neuen Liard bedächtig,
Recht in der sengenden Mittagszeit,
Die den Geistern wie mitternächtig,
Fand ihn abends mit Gold geschwellt
O, kein Christ komme so zu Geld!
Falsch war Feiengold jederzeit,
Kurz das Leben, und Gott ist mächtig.

Einmal nur, daß mich des gedenkt,
Ist ein Mann an den Baum gegangen,
Hat seinen Sack hinein gesenkt,
Groß, eines Königs Schatz zu fangen;
's war ein Wucherer, war ein Filz,
Ein von Tränen geschwellter Pilz,
Nun, er hat sich zuletzt gehenkt
Besser hätt' er schon da gehangen!

Hielt die Lippen so fest geklemmt,
Denn Geflüster nur, mußt du wissen,
Das ist eben, was alles hemmt,
Lieber hätt' er die Zunge zerbissen;
Barfuß kam er, auf schlechten Rat,
Und als da in die Scherb' er trat,
Hat er sich nur an den Baum gestemmt
Und den Schart aus der Wunde gerissen.

Doch als aus dem Gemoder scheu
Schlüpft 'ne Schlange ihm längs den Haaren,
Da ist endlich ein kleiner Schrei,
Nur ein winziger, ihm entfahren;
Und am Abend? verschwunden war
Großer Sack und neuer Liard.
O, verräterisch ist die Fei!
Und es wachen der Hölle Scharen.

VI.
Johannistau

Es ist die Zeit nun, wo den blauen Tag
Schon leiser weckt der Nachtigallen Schlag,
Wo schon die Taube in der Mittagsglut
Sich trunkner, müder breitet ob der Brut,
Wo abends, wenn das Sonnengold zergangen,
Verlorner Funke irrt, des Wurmes Schein,
An allen Ranken Blütenbüschel hangen,
Und Düfte ziehn in alle Kammern ein.

»Weck mich zur rechten Zeit, mein Kamerad,
Versäumen möcht' ich Sankt Johannis Bad
Um alles nicht; ich hab' das ganze Jahr
Darauf gehofft, wenn mir so elend war.
Jérôme, du mochtest immer gut es meinen,
Bist auch, wie ich, nur armer Leute Kind,
Doch hast du klare Augen und die Deinen,
Und ich bin ein Waise und halb blind!

»Hat schon der Hahn gekräht? ich hab's verfehlt;
Oft schlaf' ich fest, wenn mich der Schmerz gequält.
Ob schon die Dämmrung steigt? ich seh' es nicht,
Mir fährt's wie Spinneweben am Gesicht;
Doch dünkt mich, hör' im Stalle ich Gebimmel
Und Peitschenknall; was das für Fäden sind,
Die mir am Auge schwimmen? lieber Himmel,
Ich bin nicht halb, ich bin beinah schon blind!

»Hier ist der Steg am Anger, weiter will
Ich mich nicht wagen, hier ist alles still,
Und Tau genug für Kranke allzumal
Des ganzen Weilers, eh der Sonnenstrahl
Mit seinem scharfen Finger ihn gestrichen
Und aufgesogen ihn der Morgenwind;
Doch ist kein Zweiter wohl hierher geschlichen;
Denn, Gott sei Dank, nur wenige sind blind.

»Das ist ein Büschel nein doch das ist Gras,
Ich fühle meine Finger kalt und naß;
Johannes, heiliger Prophet, ich kam
In deinem werten Namen her und nahm
Von jenem Taue, den im Wüstenbrande
Die Wolke dir geträufelt, lau und lind,
Daß nicht dein Auge in dem heißen Sande,
Nicht dein gesegnet Auge werde blind.

»Gepredigt hast du in der Steppenglut
So weißt du auch, wie harte Arbeit tut;
Doch arm und nicht der Arbeit fähig sein,
Das ist gewiß die allergrößte Pein.
Du hast ja kaum geruht in Mutterarmen,
Warst früh ein elternlos, verwaistes Kind,
Woll' eines armen Knaben dich erbarmen,
Der eine Waise ist, wie du, und blind!«

Denkblätter

An Philippa

Im Osten quillt das junge Licht,
Sein goldner Duft spielt auf den Wellen,
Und wie ein zartes Traumgesicht
Seh' ich ein fernes Segel schwellen;
O, könnte ich der Möwe gleich
Umkreisen es im lust'gen Ringen,
O, wäre mein der Lüfte Reich,
Mein junge, lebensfrische Schwingen!

Um dich, Philippa, spielt das Licht,
Dich hat der Morgenhauch umgeben,
Du bist ein liebes Traumgesicht
Am Horizont von meinem Leben;
Seh' deine Flagge ich so fern
Und träumerisch von Duft umflossen,
Vergessen möcht' ich dann so gern,
Daß sich mein Horizont geschlossen;

Vergessen, daß mein Abend kam,
Mein Licht verzittert Funk' an Funken,
Daß Zeit mir längst die Flagge nahm
Und meine Segel längst gesunken;
Doch können sie nicht jugendlich
Und frisch sich neben deinen breiten,
Philippa, lieben kann ich dich
Und segnend deine Fahrt geleiten.

An Frau Professor Arndts

Auf hohem Felsen lieg' ich hier,
Der Krankheit Nebel über mir,
Und unter mir der tiefe See
Mit seiner mächt'gen Klage Weh,
Mit seinem Jubel, seiner Lust,
Wenn buntgeschmückte Wimpel fliegen,
Mit seinem Dräu'n aus hohler Brust,
Wenn Sturm und Welle sich bekriegen.

Mir ist er gar ein trauter Freund,
Der mit mir lächelt, mit mir weint,
Ist, wenn er grünlich golden ruht,
Mir eine sanfte Zauberflut,
Aus deren tiefem, klarem Grund
Gestalten meines Lebens steigen,
Geliebte Augen, süßer Mund
Sich lächelnd, tröstend zu mir neigen.

Wie hab' ich schon so manche Nacht
Des Mondes Widerschein bewacht!
Die klare Bahn auf dunklem Grün,
Wo meiner Toten Schatten ziehn;
Wie manchen Tag den lichten Hang,
Bewegt von hüpfend leichten Schritten,
Auf dem mit leisem Geistergang
Meiner Lebend'gen Bilder glitten.

Und als dein Bild vorüberschwand,
Da streckte ich nach dir die Hand,
Und meiner Seele ward es weh,
Daß dir verborgen ihre Näh';
So nimm denn meine Lieder nun
Als liebesrote Flammenzungen,
Laß sie in deinem Busen ruhn,
Und denk, ich hab' sie dir gesungen.

Das einzige Kind

»O schau, wie um ihr Wängelein
Ein träumendes Lächeln bebt,
Sieht sie nicht aus wie ein Engelein,
Das über der Krippe schwebt?

»Oft fürcht' ich, sie sei für die Welt zu gut,
Sprich, Liebe, sind wir wohl blind?
Ein wenig blind für das eigne Blut,
Unser liebendes, einziges Kind?«

Der Gatte fühlt den Meister und Herrn,
Gibt allen Mängeln ihr Recht,
Wie spielt er den Philosophen so gern,
Und wie gerät er ihm schlecht!

Nennt es ein Murmelchen anderen gleich,
Dran gar nichts zu loben ist,
Indes er streichelt die Löckchen reich
Und ihm die Fingerchen küßt.

Schloß Berg

Ein Nebelsee quillt rauchend aus der Aue,
Und duft'ge Wolken treiben durch den Raum,
Kaum graut ein Punkt im Osten noch, am Taue
Verlosch des Glühwurms kleine Lampe kaum;
Horch, leises, leises Zirpen unterm Dache
Verkündet, daß bereits die Schwalbe wache,
Und um manch Lager schwebt ein später Traum.

Die Stirn gelehnt an meines Fensters Scheiben,
Schau immer ich zur wolk'gen Flut hinein,
Und an die Wölkchen, die dort lichter treiben,
Mein Blick hängt unverwendet an dem Schein.
Ja, dort! dort wird nun bald die Sonne steigen,
Mir ungekannte Herrlichkeit zu zeigen;
Dort ladet mich der Schweizermorgen ein.

So steh' ich wirklich denn auf deinem Grunde,
Besungnes Land, von dem die Fremde schwärmt?
Du meines Lebens allerfrühste Kunde
Aus jener Zeit, die noch das Herz erwärmt,
Als Eine, nie vergessen, doch entschwunden,
So manche liebe hingeträumte Stunden
An allzu teuren Bildern sich gehärmt.

Wenn sie gemalt, wie malet das Verlangen
Die Felsenkuppen und den ew'gen Schnee,
Wenn um mein Ohr die Alpenglocken klangen,
Vor meinem Auge blitzte auf der See,
Von Schlosses Turm, mit zitterndem Vergnügen
Ich zahllos sah die blanken Dörfer liegen,
Der Königreiche vier von meiner Höh'.

Mich dünkt, noch seh' ich ihre blauen Augen,
Die aufwärts schaun mit heiliger Gewalt,
Noch will mein Ohr die weichen Töne saugen,
Wenn echogleich sie am Klavier verhallt,

Und drunten, wo die lichten Pappeln wehen,
Noch glaub' ich ihrer Locken Wald zu sehen
Und ihre zarte, schwankende Gestalt.

Wohl war sie gut, wohl war sie klar und milde,
Wohl war sie allen wert, die sie gekannt!
Kein Schatten haftet an dem reinen Bilde,
Man tritt sich näher, wird sie nur genannt
Und über Tal und Ströme schlingt aufs neue,
Um alles, was sie einst umfaßt mit Treue,
Aus ihrem Grabe sich ein festes Band.

Ihr, ruhend noch in dieser frühen Stunde,
Verehrter Freund und meine teuren Zween,
Emilie und Emma, unserm Bunde
Wohl mag Euch lächelnd sie zur Seite stehn.
Ich weiß es, denkend an geliebte Toten,
Habt ihr der Fremden eure Hand geboten,
Als hättet ihr seit Jahren sie gesehn.

So bin ich unter Euer Dach getreten,
Wie eines Bruders Schwelle man berührt,
Eu'r gastlich Dach, wo frommer Treu im steten
Gefolge aller Segen wohl gebührt,
Wo Frieden wohnt was kann man Laut'res sagen?
Mag Mailands Krone denn ein Andrer tragen,
Nebst seinem Zepter, das Ihr einst geführt.

Schlaft wohl, schlaft sanft! – indem ich steh' und lau-
sche
Nach jedem Flöckchen, das dort rötlich weht;
Ist's nicht, als ob der Morgenwind schon rausche?
Wie's drüben wogt und rollt und um sich dreht!
Es breitet sich, es sinkt und überm Schaume,
Was steigt dort auf? ein Bild aus kühnem Traume!
O Säntis, Säntis, deine Majestät!

Bist du es, dem ringsum die Lüfte zittern?
Du weißes Haupt mit deinem Klippenkranz,

Ich fühle deinen Blick die Brust erschüttern,
Wie überm Duft du riesig stehst im Glanz
Ja, gleich der Arche über Wogengrimmen,
Seh' ich in weiter Wolkenflut dich schwimmen;
Im weiten, weiten Meere einsam ganz.

Doch nein! – Dort blickt – dort taucht es aus den Wellen!
Cäsapiana hebt die Stirne bleich
Dort taucht der Glärnisch auf, dort seh' ich's schwellen
Und Zack an Zack entragt der Flut zugleich!
O Säntis! wohl mit Recht trägst du die Krone,
Da sieben Fürsten stehn an deinem Throne,
Und unermeßlich ist dein luftig Reich.

Und sieh! Tirol auch sendet seine Zeichen,
Es blitzt dir seine kalten Grüße zun
Welch' Hof ist wohl dem deinen zu vergleichen,
Mein grauer stolzer Wolkenkönig du!
Die Sonne steigt, schon Strahl auf Strahl sie sendet,
Wie's droben funkelt! wie's das Auge blendet!
Und drunten alles Dämmrung, alles Ruh'.

So sah ich, unter Märchen eingeschlafen,
In Traume einst des Winterfürsten Haus,
Den Eispalast, wo seinen goldnen Schafen
er täglich streut das Silberfutter aus;
Ja, in der Tat, sie sind hinabgezogen,
Die goldnen Lämmer, und am Himmeisbogen
Noch sieht man schimmern ihre Wolle kraus.

Doch schau! ist Ebbe in dies Meer getreten?
Es sinkt es sinkt und schwärzlich über'n Duft
Streckt das Gebirge nun, gleich Riesenbeeten,
Die waldbedeckten Kämme in die Luft;
Ha! Menschenwohnungen an allen Enden!
Fast glaub' ich, Gais zu sehn vor Fichtenwänden,
Versteckt nicht Weisbad jene Felsenkluft?

Und immer sinkt es, immer zahllos steigen
Ruinen, Schlösser, Städte an den Strand,
Schon will der Bodensee den Spiegel zeigen
Und wirft gedämpfte Schimmer übers Land,
Und nun verrinnt die letzte Nebelwelle,
Da steht der Äther, goldenrein und helle!
Die Berge möcht' man greifen mit der Hand.

Wüßt' ich die tausend Punkte nur zu nennen,
Die drüben lauschen aus dem Waldrevier,
Mich dünkt, mit freiem Auge müßt' ich kennen
Den Sennen, tretend aus der Hüttentür;
Ob meilenweit, nicht seltsam würd' ich's finden,
Säh' in die Schluchten ich den Jäger schwinden
Und auf der Klippe das verfolgte Tier.

So klar, ein stählern Band, die Thur sich windet,
Ja! wie ich lauschend steh' von meiner Höh',
Ein einz'ger Blick mir zwölf Kantone bindet,
Ja! drüben zitternd ruht der Bodensee,
Wo längs dem Strand die Wimpel lässig gleiten,
Vier Königreiche seh' ich dort sich breiten
Erfüllt ist alles ohne Traum und Fee.

Mein freier stolzer Grund, dich möcht' ich nennen
Mein kaiserlich'; mein königliches Land!
Das Höchste muß ich deinen Bergen gönnen,
Doch Liebres ich in deinen Tälern fand;
Was klinkt an meiner Tür nach Geisterweise?
Horch: »Guten Morgen, Nette«, flüstert's leise,
Und meine Emma bietet mir die Hand!

An meine Mutter

So gern hätt' ich ein schönes Lied gemacht
Von deiner Liebe, deiner treuen Weise,
Die Gabe, die für andre immer wacht,
Hätt' ich so gern geweckt zu deinem Preise.

Doch wie ich auch gesonnen mehr und mehr,
Und wie ich auch die Reime mochte stellen,
Des Herzens Fluten wallten drüber her,
Zerstörten mir des Liedes zarte Wellen.

So nimm die einfach schlichte Gabe hin,
Von einfach ungeschmücktem Wort getragen,
Und meine ganze Seele nimm darin;
Wo man am meisten fühlt, weiß man nicht viel zu sagen.

An dieselbe

Zum Geburtstag (7. Mai)

Und ob der Maien stürmen will
Mit Regenguß und Hagelschlag,
Wie ein verspäteter April:
Er hat doch einen schönen Tag.

Hat einen Tag, der schlimme Mai,
Viel lieber als das ganze Jahr,
Und wo es schien mir einerlei,
Ob trüb der Himmel oder klar.

Es ist der Tag, an dem der Born
Von deines Lebens Quell entsprang,
Und meine Rose ohne Dorn
Und meiner Leier reinster Klang.

Und ist er trübe auch, ich fand
Mein Sträußlein doch in Wald und Ried

Und kann doch küssen deine Hand
Und sagen dir ein schlichtes Lied.

An Elise

Zum Geburtstage am 7. März 1845

Das war gewiß ein andrer März,
Ein Mond, den Blütenkränz' umhegten,
Als Engel dich, geliebtes Herz,
In deine erste Wiege legten;
Das war gewiß ein Tag so frei,
So frisch vom Sonnenstrahl umglommen!
Doch auch im Wintermantel sei
Er, wie der schönste, mir willkommen.

Mir ward ein schlimmrer Mond zuteil,
Um den kein Vogel je gesungen,
Nur Eiseszapfen blank und steil
Das kalte Diadem geschlungen;
Ach, anders wirken Schnee und Eis,
Und anders wohl der Sonnen Güte!
ich steh', ein düstres Tannenreis,
Du eine zarte Veilchenblüte.

Doch fest zusammen, fest im Raum,
Gehalten in des Winters Stürmen,
Du schmücke mich zum Weihnachtsbaum,
Und ich will deine Blüte schirmen;
Dann muß uns, willig oder nicht,
Das Leben reiche Gaben zählen,
Und niemals wird das Himmelslicht,
Der Poesie Beleuchtung, fehlen.

An Kardinal Melchior Freiherr v. Diepenbrock

9. Mai 1845

Du, der ein Blatt von dieser schwachen Hand
Gewünscht, von dieser, die nur guten Willen
Zu opfern hat in des Altares Brand,
Nur zitternd ihre Stelle weiß zu füllen:
Bete für sie, mein Bruder, daß wenn naht
Die letzte ihr, die dunkelste der Stunden,
Kein Unkraut zeuge gegen ihre Saat
Daß rein sie werde, wenn auch schwach, befunden.

Lebt wohl

Lebt wohl, es kann nicht anders sein!
Spannt flatternd eure Segel aus,
Laßt mich in meinem Schloß allein,
Im öden geisterhaften Haus.
Lebt wohl und nehmt mein Herz mit euch
Und meinen letzten Sonnenstrahl;
Er scheide, scheide nur sogleich,
Denn scheiden muß er doch einmal.

Laßt mich an meines Seees Bord,
Mich schaukelnd mit der Wellen Strich,
Allein mit meinem Zauberwort,
Dem Alpengeist und meinem Ich.

Verlassen, aber einsam nicht,
Erschüttert, aber nicht zerdrückt,
Solange noch das heil'ge Licht
Auf mich mit Liebesaugen blickt.

Solange mir der frische Wald
Aus jedem Blatt Gesänge rauscht,
Aus jeder Klippe, jedem Spalt
Befreundet mir der Elfe lauscht.

Solange noch der Arm sich frei
Und waltend mir zum Äther streckt,
Und jedes wilden Geiers Schrei
In mir die wilde Muse weckt.

An Sophie, Frau v. Laserre

Wie ein Strom will Ferne scheiden
Unsres Lebens ernsten Weg,
Aber stille Jugendfreuden
Bauen einen leichten Steg.

Ach, was uns die Stirn umkränzte
An der Kindheit Weihaltar,
Dort das Leben uns durchglänzte,
Dort geliebt und teuer war:
Unsrer Jugend Liebeszeichen
Was auf Erden mag ihm gleichen?

An Cornelia

Du ziehst von uns, und manche teure Stunde
Zieht fort mit dir in jenes ferne Land.
Wohl weiß ich es, daß in getreuem Bunde
Auch dort dir alle Herzen zugewandt.
Doch weiß ich auch, dir wird auf fremdem Grunde
Nicht fremd die treue, lang gekannte Hand
Und liebend, wie wir dir die Arme breiten,
Wirst du zurück an unsre Herzen gleiten.

An meinen verehrten Freund, den Freiherrn v. Madroux, bei Übersendung der »Gedichte«

Als diese Lieder ich vereint
Zum Kranz in ferner Heimat paarte,
Da kannt' ich freilich nicht den Freund,
Den mir die Zukunft aufbewahrte;
Ich wußt' es nicht, daß manches Wort,
Das ich aus tiefer Brust gesungen,
Fand in der seinen den Akkord,
Der es harmonisch nachgeklungen.

Doch nur in ernster Gegenwart,
In freundlicher, doch fremder Zone
Mir seines Beifalls Freude ward
Und seiner Freundschaft Ehrenkrone;
Nun reich' ich gern die Lieder dar,
Was Flücht'ges drin, das sei vernichtet,
Was ritterlich, was gut und wahr,
Das sei, als hab' ich's dir gedichtet.

Die Mutter am Grabe

Du warst so hold und gut, so sanft und stille,
Mein frommes Kind, und sterben mußtest du!
Dein Geist, zu rein für diese Erdenhülle,
Flog wie ein Lichtstrahl seiner Heimat zu.
Wenn weinend wir an deinem Grabe stehen,
Ich und dein Vater, deine Liebsten hier,
Dann sehn wir nur des Grabes dunkle Tür
Und können deine Seligkeit nicht sehen.

O, könnten einmal meiner Mutter Blicke
Nur dringen durch den unbekannten Raum,
Dich sehn in deinem unschuldsvollen Glücke,
Und wär' es nur im Schlummer, nur im Traum,
Dann würd' ich ruhig auf die Stelle schauen,
Wo nun der Staub dem Staube sich gesellt;
Doch abgeschlossen bleibt die Geisterwelt,
Und nur der Glaube dringt in ihre Auen.

Wohl weiß ich es, daß über unsre Tränen
Du weit erhöht im lichten Glanze stehst,
Daß dir verständlich mein geheimstes Sehnen,
Du gern als Engel mir zur Seite gehst;
Wohl fühl' ich oft, wenn schaut mein Blick nach oben,
Mich aufgerichtet wie durch Gottes Hand,
Dann fühl' ich auch, es gibt ein geistig Band,
Und meines Kindes Hand hat mich erhoben.

Aus jenem Sterne, der so milde glühet,
Scheint wohl dein Blick in mein verweintes Aug'?
Und in der Luft, die kosend mich umziehet,
Will trösten mich vielleicht dein frommer Hauch?
Befreit von Fesseln, die uns drunten binden,
Begabt mit Kräften, die uns nicht verliehn,
Wohl mag dein Odem öfters mich umziehn,
Konstanze, kannst du mir es nicht verkünden?

Mich dünkt, in ihrem tiefen Gram zu sehen
Die Eltern, woran hing dein zärtlich Herz,
Zu wissen, sie verstehen nicht dein Wehen,
Mich dünkt, mein Kind, dies sei dir doch ein Schmerz;
Doch nein, vor deinen klaren Geisterblicken
Liegt hell und licht des Dornenpfades Ziel,
So scheint dir Menschenkummer wohl ein Spiel,
Und, was uns läutert, kann dich nur beglücken.

Wohl warst du fromm, dein Jenseits aufgeschlossen,
Dein Blick wie dringend durch des Grabes Tür.
Als ach, so bitter meine Tränen flossen
An deinem Bettchen sprachst du nicht zu mir:
»O Mutter, weine nicht, ich war ja immer
Gehorsam? Schon vom Tode fast umhüllt:
Ich komme in den Himmel, sprachst du mild,
Und Freude mischt sich in dein Gewimmer.«

Von meinen heißen Tränen überregnet,
Um meinen Segen batest du mich da:
»Du hast mich, Mutter, ja noch nie gesegnet,
Segne Konstanzen, segne mich, Mama!«
Dann: »alle sollt ihr in den Himmel kommen,
Ich bin bei euch, wenn ich gestorben bin.«
Und wie ein Hauch schwand deine Seele hin,
Zum Heimatland der Reinen und der Frommen.

Ich habe dich gesegnet unter Schmerzen,
Mit einem Kuß auf deine kalte Stirn,
Ich segnete dich mit gebrochnem Herzen,
Mit Todesangst im siedenden Gehirn;
So segne mich denn auch, du reines Leben,
O klarer Engel in der Himmelsau,
O, segne mich mit deiner Liebe Tau,
O, gib mir wieder, was ich dir gegeben.

Bei allen Bürden, allen Ehrenpflichten
Hauch' an mit deiner Milde und Geduld
Mein irdisch schwaches Herz, und laß sich richten

Mein irrend Auge zu der höchsten Huld;
Hilf pflegen mir in Lust wie Schmerzensbanden
Das große Bild der ernsten Ewigkeit;
Dann starb mein Kind für diese Spanne Zeit,
Allein ein Schutzgeist ist es mir erstanden.

An Luise

Mit Sonnenschein und Veilchenblüte
Kommt heut dein Wiegenfest.
Wie sich der Frühling hold bemühte,
Wie er dich grüßen läßt!

Du selbst bist wie die Veilchenblüte;
Voll duft'ger Innigkeit
Ruht dir verborgen im Gemüte
Des Frühlings Seligkeit.

Die Poesie der Veilchenblüte,
Des Frühlings Weh und Lust,
Was uns in Sehnsuchtsschmerz durchglühte,
Es löst sich unbewußt

Bei Wiederkehr der Veilchenblüte,
Die keine Dornen scheut,
Die gleich wie deine Seehengüte
Das wunde Herz erfreut.

Ein Opferduft ist Veilchenblüte,
Wie längst begrabner Schmerz
Ein Freudennachhall o, behüte
Ihn wehmutsvoll, mein Herz!

Luise, liebe Veilchenblüte,
Bleib unverwelklich mir
Verarmten eine Veilchenblüte,
Mein Trost, mein Herzblatt hier!

An Ludowine

1820

Was ist mehr denn Schmuck und Kleid?
»Ein g'sunder Leib, so's in Freuden treit.«
Was ist mehr denn Gold so wert?
»Ein frei Gemüt, so des nit entbehrt.«
Was ist mehr denn Kron' und Grund?
»Ein klug Gemüt, so des brauchen kunnt.«
Was ist mehr, denn glückselig sein?
»Ein fein Gemüt, so des wert allein.«

An Joseph v. Laßberg

Zum Geburtstage am 10. April 1848

Grad heute, wo ich gar zu gern
Dir hätt' ein herzlich Wort gesagt,
Grad heute hat mein böser Stern
Mit argem Husten mich geplagt;
Doch wär' ich wohl hinaufgeklommen,
Wär' nicht mein Schwesterlein gekommen
Und hätt' es ernst mir untersagt.

Was send' ich meinem Gruße nach?
Ein buntes Glöckchen, arm und klein;
Wohl ist sein Stimmchen zart und schwach,
Doch ist es silberhell und rein;
Und wo du läßt es klingend rauschen,
Da wird das Ohr der Liebe lauschen,
Und, glaub' es mir, das hört gar fein!

Letzte Worte

Geliebte, wenn mein Geist geschieden,
So weint mir keine Träne nach;
Denn, wo ich weile, dort ist Frieden,
Dort leuchtet mir ein ew'ger Tag!

Wo aller Erdengram verschwunden,
Soll euer Bild mir nicht vergehn,
Und Linderung für eure Wunden,
Für euern Schmerz will ich erflehn.

Weht nächtlich seine Seraphsflügel
Der Friede übers Weltenreich,
So denkt nicht mehr an meinen Hügel,
Denn von den Sternen grüß' ich euch!

Klänge aus dem Orient

Der Barmekiden Untergang

Reiche mir die Blutorange
Mit dem süßen Zauberdufte,
Sie, die von den schönsten Lippen
Ihr Nahrung hat geraubt.

Sagt' ich es nicht, o Maimuna,
Flehend, händeringend, knieend
Sagt' ich es zu sieben Malen,
Nicht zu tausend Malen dir?

»Laß, o Fürstin, diese Liebe,
Laß von dieser dunklen Liebe,
Dir die ganze Brust versengend,
Unheil bringend und Gefahr!

»Daß nicht merk' es der Kalife,
Er, der zornbereite Bruder,
Nicht den Dschafer dir verderbe
Deinen hohen Barmekiden,
Nicht den Dschafer dir verderbe,
Und dich selber, Fürstin, auch!«

Doch was ist die weise Rede
In dem liebentglühten Herzen?
Wie das Winseln eines Kindleins
In der wutentbrannten Schlacht,

Wie ein linder Nebeltropfen
In dem flammenden Gebäude,
Wie ein Licht, vom Borde taumelnd
In den dunklen Ozean.

In der Tänzerin Gewande
Schmiegen sich der Fürstin Glieder,

Um die Schultern Seide flattert,
In dem Arm die Zither liegt.

O, wie windet sie die Arme,
Hoch das Tamburin erschwingend!
O, wie wogen ihre Schritte,
Ihre reizerblühten Glieder,
Daß der Barmekide glühend
Seine dunklen Augen birgt!

Sieben Jahre sind verschwunden,
Sieben wonnevolle Jahre,
Zu den sieben drei und fünfe,
Und in den Gebirgen irrend
Zieht der Barmekiden Schar.

Mütter auf den Dromedaren,
Blind geweint die schönen Augen,
In den Armen Kindlein, wimmernd
In die lagerlose Nacht,

Über Bagdads Tor ein Geier,
Kreisend über Dschafers Schädel,
Rauscht hinan und rauscht vorüber,
Hat zur Nahrung nichts gefunden,
Als in seiner Augen Höhlen
Nur zwei kleine Spinnlein noch.

Bajazeth

Der Löwe und der Leopard,
Die singen Wettgesänge,
Glutsäulen heben Wettlauf an,
Und der Samum ihr Herold.
O Sonne, birg die Strahlen!

Was schleicht dort durch den gelben Sand
Ist es ein wunder Schakal?
Ist es ein großer Vogel wohl,
Ein schwergetroffner Ibis?
O Sonne, birg die Strahlen!

Ein wunder Schakal ist es nicht,
Kein schwergetroffner Vogel,
Es ist der mächt'ge Bajazeth,
Der Reichste in Kairo,
Er, der die dreizehn Segel hat,
Die reichbeladnen Schiffe,
Auf seiner Achsel liegt der Schlauch,
Der Stab in seiner Rechten.
O Sonne, birg die Strahlen!

»Weh dir, du unglücksel'ges Gold,
Verräterisches Silber!
Und weh dir, Hassan, falscher Freund,
Du ungetreuer Diener!
Nahmst in der Nacht die Zelte mir
Und nahmst mir die Kamele.«
O Sonne, birg die Strahlen!

»Wie einen Leichnam ließest mich,
Wie Mumien, verdorrte,
Wie ein verschmachtetes Kamel,
Wie ein Getier der Wüste!
Und gab dir doch das reiche Gut,

Die zwanzigtausend Kori!«
O Sonne, birg die Strahlen!

»So fluch' ich denn zu sieben Mal,
Und tausendmal verfluch' ich:
Daß dich verschlingen mag das Meer,
Dein brennend Haus dich töten!
Daß breche dein Gebein der Leu,
Dein Blut der Tiger lecke,
Der Beduine plündre dich,
Preis gebe dich der Wüste,
Daß in dem Sande du versiechst,
Verschmachtend, hülflos, irrend!«
O Sonne, birg die Strahlen!

O Nacht!

O Nacht, du goldgesticktes Zelt!
O Mond, du Silberlampe!
Daß du die ganze Welt umhüllst,
Und die du allen leuchtest.

Wo birgt in deinen Falten sich
Die allerreinste Perle?
Wo widerstrahlt dein träumend Licht
Im allerklarsten Spiegel?

O breite siebenfach um sie
Das schützende Gewinde,
Daß nicht der Jüngling sie erschau,
Auflodere in Flammen ;
Daß kein verblühend Weib sie trifft
Mit unheilvollem Auge,

Und, milde Lampe, schauend tief
In ihres Spiegels Klarheit,
Erblicktest du ein Bild darin?
Und war es, ach, das meine?

Gesegnet

Wer bist du doch, o Mädchen,
Du mit dem schwarzen Schleier,
Und mit dem schwarzen Sklaven,
Der weißen Sklavin du?

Wie Sterne deine Augen
Durch deines Schleiers Nächte,
Dein Gang wie der Gazelle,
Wie Palme die Gestalt.

Gesegnet sind die Wellen
Des Bades, die dich kühlen,
Gesegnet die Gewänder,
Umschließend deine Huld.

Und siebenfach gesegnet
Der Sklave, dem du winkest,
Der deinen Tritten lauschet,
Der deine Stimme hört.

Und tausendfach gesegnet
Die Sklavin, der du lächelst,
An ihrer Schulter lehnend
Dein unverschleiert Haupt.

Der Fischer

Wehe dem kleinen Fischerssohn,
Des Vater fischen gegangen;
An den Strand läuft er täglich hinaus,
Am Morgen, am Abend nicht minder;
»Kehre, Vater, kehre zurück
Und bringe die guten Fische!
Kleider reiche, Sandalen auch
Und rede freundliche Worte!
Denn die Mutter in Grämen ist stumm,
Und der Gläub'ger nahm die Gewande!«

Der Kaufmann

Unglückselig der Kaufmann ist
Und ganz von Sorgen befangen;
An den Wolken hängt sein Blick,
Am Flaume mißt er die Winde.
Aber selig des Räubers Los,
Und herrlich lebt der Pirate,
Der die Meere Gespielen nennt,
Die Windsbraut seine Geliebte;
Lachend sieht er die Schiffe ziehn,
Die aller Güter beraubten:
»Fahret wohl, grüßt den Kaufmann mir,
Der am Flaum gemessen die Winde!«

Das Kind

Wär' ich ein Kind, ein Knäblein klein,
Ein armes, schwaches, geliebtes,
Daß die Mutter mich wiegte ein
Und süße Lieder mir sänge!
Blumen brächten die Sklavinnen auch,
Mit dem Wedel wehrten die Fliegen;
Aber Zillah, mich küssend, spräch':
»Gesegnet, mein süßes Knäbchen!«

Der Greis

Allah! laß des Greises Los
Mich nicht, des Greises, erleben!
Aus dem Haupte das Haar ihm fällt
Und des Bartes köstliche Zierde.
Ach, und Zillahs liebe Gestalt
Und Zillahs schwebende Stimme,
Kalt und fühllos stößt er's zurück,
Wie das Riff der Nachtigall Töne.

Geplagt

Weh dem Knaben, der zwei Herrinnen hat!
Verloren ist er, verloren!
Ruft die Stimme und ruft sie dort:
»Komm, binde mir die Sandalen!
Gib' den Schleier! Nun eile fort,
Vom Markte Narde zu holen!«
Durch die Menge irrt er umher
Wie ein armer verscheuchter Vogel,
Wie ein armes zerrißnes Gewand,
Geflickt von tausend Händen.
Wehe dem Knaben, der zwei Herrinnen hat!
Verloren ist er, verloren!

Getreu

So du mir tätest auch Schmach und Hohn,
Nicht wollt' ich es klagen den Kindern,
Und schlägst du mir ab die rechte Hand,
Noch wollt' ich die Linke dir bieten;
So aber du nähmst das unselige Haupt,
Noch wollt' ich warnend dir rufen:
»Fernab, fernab stell', o Pascha, dich,
Daß nicht mein Blut dich besprenge;
Denn unschuldiges Blut, wen es trifft,
Der fällt in schnelles Verderben.«

Süß

Auf den Gassen der Gärtner rief:
Kauft Trauben, kaufet die Trauben!
Aber im Herzen die Furcht ihm wohnt,
Es möchte sie keiner begehren;
Sauer waren und trocken sie,
Sie hatte Meltau getötet.
Naht ihm Hassan: »Mein Gärtner, sprich,
Was willst du für deine Trauben?«
»Nimm, o Herr, und koste sie,
Und habe meiner Erbarmen!«
»O wie köstlich, mein Gärtner, nimm
Und möge Allah dich segnen!«
Abend naht und der andre Tag:
»Weh mir, wie bin ich betrogen!
Hat mir gestern Zuleimas Kuß
Denn also versüßet die Lippen?«

Freundlich

Und als ich nun gen Balsora kam,
Da rief die Stimme vom Gitter:
»Bist du es, Hassan, geliebter Freund?
Komm herein, daß ich dich umfange,
Daß ich die Füße dir waschen mag
Und mag die Stirne dir salben.«
Und als ich kam nach Mekka, der heiligen Stadt,
Da grüßten mich viele Stimmen;
»Nicht bin ich Hassan, und Jener nicht,
Doch halt' ich Allahs Gebote;
Drum hat er gesegnet das Antlitz mir,
Daß ich Jegliches Freund ihm erscheine.«

Verliebt

Schilt mich nicht, du strenger Meister,
Daß im Diwan ich geträumet
Und bei des Muezzins Rufen,
Ach, nach Mittag stand gewendet.
Wisse, als ich kam vom Bade,
Als ich heimging aus den Gärten,
Schlüpfte Zillah mir vorüber,
Und den Schleier hob sie schalkhaft.

Verliebt

Mutter, löse die Spangen mir!
Mich hat ein Fieber befallen.
Denn das Fenster ließest du auf,
Das immer sorglich verhängte;
Und im Garten ich Mädchen sah,
Die warfen Ringe im Kreise,
Flatternd selber, ein Blütenschnee,
Vom leichten Winde getragen.
Immer flöten nun Stimmen mir,
Und immer Spiegel mir flirren;
Blind geworden bin ich schon ganz,
Taub werd' ich nächstens werden.
Mutter, löse die Spangen mir!
Mich hat ein Fieber befallen.

Bezaubernd

Und wenn sie vorüber am Fenster geht,
Und fällt ihr Schatten auf die Gasse,
Da stehn die Jünglinge sinnberaubt
Und wissen nicht, was sie beginnen;
Doch in die Moschee die Derwische fliehn,
Rufend: »Allah! errett' uns!
Denn dein Feuer vom Himmel fiel,
Und mögen ihm nimmer entrinnen.«

Verhenkert

Wie du gehst und wie du stehst,
Und was du sprichst und beginnest,
Giftge Pfeile die Worte sind,
Wie Nattern deine Gebärden,
An dem Pfahle, da ist dein Platz
Und auf der luftigen Spindel,
Wo der Rabe dich grüßen mag,
Der ungesättigte Vogel.

Verteufelt

Naht, o naht dem Gewande nicht
Des toten Hundes, des Giauren,
Der erschlagen den Muselmann
An Mekkas heiliger Pforte!
Nehmt auch die kleinen Kinder fort,
Daß sie es nimmer erschauen;
Denn die Dschinnen hauchten's an
Und Iblis, der dreimal Verruchte.

Verflucht

Was schäumt das Meer? Was wälzt es sich
Und bäumt an das Gestade?
Ist's Strömung, was da drunten wühlt?
Ist's unterirdisch Feuer?
Nicht Strömung ist es, was da wühlt,
Nicht unterirdisch Feuer,
Ein Leichnam fiel in seinen Schoß,
Ein siebenmal verfluchter,
Des Kaufmanns, der um schnödes Gold
Erschlug den eignen Bruder.

Herrlich

Und wenn er aus der Pforte tritt
Und weht sein Mantel über die Gasse,
Dann stehn die Männer, das Haupt geneigt,
Sprechend: Wo sind deine Vasallen?
Und die Witwen und Waisen knieend schrein:
Hilf uns, du mächt'ger Gebieter!

Unaussprechlich

Die Nachtigall in den Kampf sich gab
Mit der Lerche, der schwebenden Stimme,
Daß ihre Reize besängen sie
Und all ihre süße Gebärde;
Doch die Nachtigallen reihten sich
Und die Lerchen, wie Perlenschnüre,
All' lagen sie tot in Gras und Strauch,
Verhaucht im süßen Gesange.

Unbeschreiblich

Dreitausend Schreiber auf Teppichen saßen
Und rührten den Bart mit der Feder;
Sie schrieben, schrieben so manchen Tag,
Daß grau geworden die Bärte,
Daß trüb geworden die Augen längst
Und längst erkrummet die Finger;
Wer aber, was sie geschrieben, liest
Und liest das, was sie geschrieben,
Der spricht: Ist es ein Schatten wohl?
Oder ist es der Schatten des Schattens?

Unerhört

Der Ossa sprach zum Pelion:
»Was ist für ein Klang in den Lüften?
Singt wohl die sterbende Nachtigall?
Oder eine verstoßene Huri?
Zehnmal fielen meine Zedern hin,
Und meine Felsen zerbröckeln;
Sechstausend Jahre machten mich grau
Und sechzigtausend Stunden;
Doch nie drang solch ein Laut zu mir
Vom Tal oder aus der Höhe.«
Eine Mutter am Hange steht,
Die weint ihr einzig Söhnlein.

Englisch

Auf seinem Throne Allah saß
Unter Asch, dem strahlenden Zelte,
Vor ihm stand Eloakim
Und schwang die mächtigen Flügel,
Fernhin war der Engel Schar
Durch dreißigtausend Himmel.
Sprach er: »Einer von allen fehlt,
Und sonst fehlt keiner von allen;
Doch der auf Erden wandelnd geht
In Medina, der heiligen Stätte,
In einer Jungfrau klarer Gestalt
Vom schwarzen Schleier umflattert.«

Unzählbar

Und all' rings die Weisen rief er herbei.
Die hatten gezählt die Sterne.
Auf roten Teppichen saßen sie
Und hielten die weiße Feder.
Des Honigs auch tranken sie einen Teil,
Daß sauber würde die Kehle;
Ringsum die weißen Gräber stehn,
Drin schlafen die stillen Weisen.
Der Speise ein' Zahl verzehrten sie,
Und eine Unzahl der Getränke,
Doch was sie gezählt in all der Zeit
Von der Zahl, die sie sollen zählen,
Ist wie des ärmsten Bettlers Gemach
In Byzanz, der größten der Städte.

Herzlich

Alle meine Rede und jegliches Wort
Und jeder Druck meiner Hände.
Und meiner Augen kosender Blick,
Und alles, was ich geschrieben:
Das ist kein Hauch und ist keine Luft,
Und ist kein Zucken der Finger,
Das ist meines Herzens flammendes Blut,
Das dringt hervor durch tausend Tore.

Über tredition

Eigenes Buch veröffentlichen

tredition wurde 2006 in Hamburg gegründet und hat seither mehrere tausend Buchtitel veröffentlicht. Autoren veröffentlichen in wenigen leichten Schritten gedruckte Bücher, e-Books und audio-Books. tredition hat das Ziel, die beste und fairste Veröffentlichungsmöglichkeit für Autoren zu bieten.

tredition wurde mit der Erkenntnis gegründet, dass nur etwa jedes 200. bei Verlagen eingereichte Manuskript veröffentlicht wird. Dabei hat jedes Buch seinen Markt, also seine Leser. tredition sorgt dafür, dass für jedes Buch die Leserschaft auch erreicht wird.

Im einzigartigen Literatur-Netzwerk von tredition bieten zahlreiche Literatur-Partner (das sind Lektoren, Übersetzer, Hörbuchsprecher und Illustratoren) ihre Dienstleistung an, um Manuskripte zu verbessern oder die Vielfalt zu erhöhen. Autoren vereinbaren direkt mit den Literatur-Partnern die Konditionen ihrer Zusammenarbeit und partizipieren gemeinsam am Erfolg des Buches.

Das gesamte Verlagsprogramm von tredition ist bei allen stationären Buchhandlungen und Online-Buchhändlern wie z. B. Amazon erhältlich. e-Books stehen bei den führenden Online-Portalen (z. B. iBookstore von Apple oder Kindle von Amazon) zum Verkauf.

Einfach leicht ein Buch veröffentlichen: **www.tredition.de**

Eigene Buchreihe oder eigenen Verlag gründen

Seit 2009 bietet tredition sein Verlagskonzept auch als sogenanntes "White-Label" an. Das bedeutet, dass andere Unternehmen, Institutionen und Personen risikofrei und unkompliziert selbst zum Herausgeber von Büchern und Buchreihen unter eigener Marke werden können. tredition übernimmt dabei das komplette Herstellungs- und Distributionsrisiko.

Zahlreiche Zeitschriften-, Zeitungs- und Buchverlage, Universitäten, Forschungseinrichtungen u.v.m. nutzen diese Dienstleistung von tredition, um unter eigener Marke ohne Risiko Bücher zu verlegen.

Alle Informationen im Internet: **www.tredition.de/fuer-verlage**

tredition wurde mit mehreren Innovationspreisen ausgezeichnet, u. a. mit dem Webfuture Award und dem Innovationspreis der Buch Digitale.

tredition ist Mitglied im Börsenverein des Deutschen Buchhandels.

Dieses Werk elektronisch lesen

Dieses Werk ist Teil der Gutenberg-DE Edition DVD. Diese enthält das komplette Archiv des Projekt Gutenberg-DE. Die DVD ist im Internet erhältlich auf **http://gutenbergshop.abc.de**